陳布雷從政日記

（1948）

The Official Diaries of Chen Pu-lei, 1948

民國日記 ｜ 總序

呂芳上
民國歷史文化學社社長

人是歷史的主體，人性是歷史的內涵。「人事有代謝，往來成古今」（孟浩然），瞭解活生生的「人」，才較能掌握歷史的真相；愈是貼近「人性」的思考，才愈能體會歷史的本質。近代歷史的特色之一是資料閎富而駁雜，由當事人主導、製作而形成的資料，以自傳、回憶錄、口述訪問函札及日記最為重要，其中日記的完成最即時，描述較能顯現內在的幽微，最受史家重視。

日記本是個人記述每天所見聞、所感思、所作為有選擇的紀錄，雖不必能反映史事整體或各個部分的所有細節，但可以掌握史實發展的一定脈絡。尤其個人日記一方面透露個人單獨親歷之事，補足歷史原貌的闕漏；一方面個人隨時勢變化呈現出不同的心路歷程，對同一史事發為不同的看法和感受，往往會豐富了歷史內容。

中國從宋代以後，開始有更多的讀書人有寫日記的習慣，到近代更是蔚然成風，於是利用日記史料作歷史

研究成了近代史學的一大特色。本來不同的史料，各有不同的性質，日記記述形式不一，有的像流水帳，有的生動引人。日記的共同主要特質是自我（self）與私密（privacy），史家是史事的「局外人」，不只注意史實的追尋，更有興趣瞭解歷史如何被體驗和講述，這時對「局內人」所思、所行的掌握和體會，日記便成了十分關鍵的材料。傾聽歷史的聲音，重要的是能聽到「原音」，而非「變音」，日記應屬原音，故價值高。1970 年代，在後現代理論影響下，檢驗史料的潛在偏見，成為時尚。論者以為即使親筆日記、函札，亦不必全屬真實。實者，日記記錄可能有偏差，一來自時代政治與社會的制約和氛圍，有清一代文網太密，使讀書人有口難言，或心中自我約束太過。顏李學派李塨死前日記每月後書寫「小心翼翼，俱以終始」八字，心所謂為危，這樣的日記記錄，難暢所欲言，可以想見。二來自人性的弱點，除了「記主」可能自我「美化拔高」之外，主觀、偏私、急功好利、現實等，有意無心的記述或失實、或迴避，例如「胡適日記」於關鍵時刻，不無避實就虛，語焉不詳之處；「閻錫山日記」滿口禮義道德，使用價值略幾近於零，難免令人失望。三來自旁人過度用心的整理、剪裁、甚至「消音」，如「陳誠日記」、「胡宗南日記」，均不免有斧鑿痕跡，不論立意多麼良善，都會是史學研究上難以彌補的損失。史料之於歷史研究，一如「盡信書不如無書」的話語，對證、勘比是個基本功。或謂使用材料多方查證，有如老吏斷獄、

法官斷案，取證求其多，追根究柢求其細，庶幾還原案貌，以證據下法理註腳，盡力讓歷史真相水落可石出。是故不同史料對同一史事，記述會有異同，同者互證，異者互勘，於是能逼近史實。而勘比、互證之中，以日記比證日記，或以他人日記，證人物所思所行，亦不失為一良法。

從日記的內容、特質看，研究日記的學者鄒振環，曾將日記概分為記事備忘、工作、學術考據、宗教人生、游歷探險、使行、志感抒情、文藝、戰難、科學、家庭婦女、學生、囚亡、外人在華日記等十四種。事實上，多半的日記是複合型的，柳貽徵說：「國史有日歷，私家有日記，一也。日歷詳一國之事，舉其大而略其細；日記則洪纖必包，無定格，而一身、一家、一地、一國之真史具焉，讀之視日歷有味，且有補於史學。」近代人物如胡適、吳宓、顧頡剛的大部頭日記，大約可被歸為「學人日記」，余英時翻讀《顧頡剛日記》後說，藉日記以窺測顧的內心世界，發現其事業心竟在求知慾上，1930 年代後，顧更接近的是流轉於學、政、商三界的「社會活動家」，在謹厚恂恂君子後邊，還擁有激盪以至浪漫的情感世界。於是活生生多面向的人，因此呈現出來，日記的作用可見。

晚清民國，相對於昔時，是日記留存、出版較多的時期，這可能與識字率提升、媒體、出版事業發達相關。過去日記的面世，撰著人多半是時代舞台上的要角，他們

的言行、舉動，動見觀瞻，當然不容小覷。但，相對的芸芸眾生，識字或不識字的「小人物」們，在正史中往往是無名英雄，甚至於是「失蹤者」，他們如何參與近代國家的構建，如何共同締造新社會，不應該被埋沒、被忽略。近代中國中西交會、內外戰事頻仍，傳統走向現代，社會矛盾叢生，如何豐富歷史內涵，需要傾聽社會各階層的「原聲」來補足，更寬闊的歷史視野，需要眾人的紀錄來拓展。開放檔案，公布公家、私人資料，這是近代史學界的迫切期待，也是「民國歷史文化學社」大力倡議出版日記叢書的緣由。

導言

劉維開
國立政治大學歷史學系教授

一

陳布雷（1890 年11 月15 日－1948 年11 月13 日），
浙江慈谿人，原名訓恩，字彥及，筆名布雷、畏壘。早年
為記者，之後從政，歷任國民政府軍事委員會侍從室第二
處主任、國防最高委員會副秘書長、中國國民黨中央政治
委員會秘書長等職，是蔣中正在大陸時期最倚重的幕僚，
信任之專，難有相比者。從政日記，開始於1935 年3 月1
日，終止於1948 年11 月11 日逝世前夕，前後十三年又八
個月。事實上，在此之前亦有日記，1935 年10 月12 日，
陳氏曾「整理舊篋，得民國十一年之舊日記三冊，重讀一
過，頗多可回味之處。」然這部份的日記至今並未得見，
僅能於其《回憶錄》了解一二。

二

關於《陳布雷從政日記》的流傳經過，陳氏八弟陳
叔同應《傳記文學》社長劉紹唐之邀，撰〈關於陳布雷

日記及其他〉（《傳記文學》第55卷第5期，1989年11月）一文說明。根據陳叔同的記述，陳布雷逝世後，家屬曾將其於1936年及1940年所撰寫之《回憶錄》，即出生至五十歲止之求學與工作經歷，以原始親筆墨蹟於1949年初出版。「不久時局危殆，政府各機關紛紛撤離大陸，正當上海行將淪陷之際，又匆匆將布雷先生自民國二十四年一月起至三十七年十一月十二日其逝世前夕止的親筆日記，全部以拍照縮製卅五米厘微膠卷，裝置小盒，由大陸帶出，分藏於美、臺各家人手中；而日記原稿數十冊，仍留置上海無法運走。」「日記原稿，為毛筆字書寫之十行紙簿本，整十三年之日記，多達數十冊，約五百七十萬字。經製作微膠卷，重僅三百公克，雖當時製作微膠卷技術，遠不如今日，但能安全攜出布雷先生日記於自由地區，實為一大幸事。」日記膠卷攜出後，陳氏家屬一直未作任何處理，至1961年間，臺北方面家屬考慮日記閱讀方便，並能妥善保存，認為似宜設法排印，乃先將每一膠片沖印為5乘7英吋照片，達可直接目視閱讀之程度，以利排版，復由陳布雷六弟陳訓悆於《香港時報》社長任內，在香港排印三十部，每部五冊。

　　陳布雷日記之排印本，起自1935年3月1日。先是陳氏於1934年5月受蔣中正延攬，任軍事委員會委員長南昌行營設計委員會主任。1935年2月，蔣氏修改侍從室組織，分設一、二兩處，以陳氏為侍從室第二處主任兼第五組組長。3月1日，軍事委員會委員長武昌行營成立，陳

氏參加成立典禮,並於是日起始為日記,謂:「自三月起
始為日記,自是日日為之,未嘗中輟焉」。日記結束於
1948年11月11日,為逝世前二日,時任中國國民黨中央
政治委員會秘書長。因日記所涉時間,為陳氏從事政務階
段,家屬乃將其題名為「陳布雷先生從政日記」。復以
「布雷先生從事黨政工作數十年,雖無顯赫官位,但大部
時間,均為輔佐決策當局,暨任總裁文字之役,其內容多
涉當時決策及中樞官員,我家人亦深知布雷先生日記之發
表殊非所宜」(陳叔同文),因此於題名加「稿樣」兩
字,為「陳布雷先生從政日記稿樣」,表示僅為樣書並非
正式出版品,由居住在大陸以外地區之家屬各自保存,作
為紀念。2016年1月,美國史丹福大學胡佛檔案館宣布由
陳布雷侄兒陳迪捐贈的陳布雷日記將完整對外公開。陳迪
為陳訓念長子,因陳布雷日記原件目前藏在南京的中國第
二歷史檔案館,該日記應為當年排印《陳布雷先生從政日
記稿樣》之依據。

三

《陳布雷先生從政日記稿樣》完成後,並未對外界
透露,僅由陳訓念檢送一套呈報蔣中正鑒核。至1988年
2月,南京中國第二歷史檔案館出版的《民國檔案》刊登
〈陳布雷日記選－1936年1月－2月〉,首度揭露陳布雷
有日記存世。次(1989)年底,臺北《傳記文學》轉載

〈陳布雷日記選－1936年1月－2月〉，同時發表前述陳叔同撰寫之〈關於陳布雷日記及其他〉一文，外界始知除日記外，尚有日記排印本由家屬保管。

對於《民國檔案》及《傳記文學》刊登陳氏日記一事，陳叔同於該文中表示「時至今日，此一四十年前涉及政務黨務之私人日記，早因時移世遷，當事人十九亡故，再無密而不宣之必要」，但為避免日記出現刪節或斷章取義等問題，「亟願布雷先生日記持有人，能儘早主動予以公開發表，以減少其被竄改與造謠欺世之機會」。《傳記文學》社長劉紹唐亦於該文文末「編者按」中，表示：「本刊正試洽此一日記稿本交由本刊連載之可能性」，然似乎未有結果。2002年9月，陳氏長孫陳師孟出任總統府秘書長後，將《陳布雷先生從政日記稿樣》全套五冊捐贈國史館典藏，並同意提供研究者參閱。此後，陳布雷日記排印本正式對外公開，研究者得以參閱，撰寫相關主題。其中東海大學歷史研究所沈建億在呂芳上教授指導下，完成碩士論文《蔣介石的幕僚長：陳布雷與民國政治（1927-1948）》，為日記公開後，第一篇以陳布雷為主題進行研究之學術論文，內容嚴謹，頗受外界好評。

留置在上海之陳布雷日記原稿，據復旦大學歷史文獻學博士鞠北平在其學位論文《陳布雷文獻資料研究——從議政到從政》中敘述，文化大革命時被抄家抄走，後來輾轉流傳到了上海市檔案館。文化大革命結束後，上海市檔案館將日記歸還家屬，家屬復將日記原件捐獻南京中

國第二歷史檔案館。該館於1988年在《民國檔案》第一
期上，選刊1936年1至2月日記的內容，之後未再繼續，
原件迄今未對外公開。目前大陸方面有兩個日記版本曾
經為研究者運用。一是由陳布雷二子陳過保存之《畏壘室
日記》影印件，該件據《陳布雷大傳》作者王泰棟轉述陳
過說明，乃因日記原稿委託中國歷史第二檔案館保管，該
館依例複印三套給家屬，此為其中一套，共二十九本，自
1935年2月至1948年11月11日，缺1941年上半年一本。
王泰棟撰寫《陳布雷大傳》、《陳布雷日記解讀——找尋
真實的陳布雷》及寧波大學戴光中撰〈從陳布雷日記看其
晚年心態〉等，乃依照此版本。一是上海市檔案館之抄寫
本，該館將日記原稿歸還陳布雷家屬時，曾經留下了複印
本，爾後由複印本衍生出抄寫本。鞠北平撰寫博士論文時
所參考陳氏日記，即是其導師、上海市檔案館研究館員
馮紹霆提供的抄寫本。抄寫本的內容從1935年3月1日到
1948年6月30日，缺少最後四個半月。

四

　　日記是研究歷史人物的重要素材，不僅可以研究傳
主一生經歷與思想，同時也可以研究與其相關人物之生平
與思想。陳布雷日記每日以敘事性方式記錄，自起床至就
寢，整日的工作情況，時間、地點、人物相當明確，內容
包括處理公務、會客、出訪、談話等，簡要翔實，1935

年、1936 年日記並有摘錄各方呈送報告內容，實際上就是他的工作日誌。1935 年，陳氏曾隨蔣氏至四川、貴州、雲南等地巡視，對於地方政情及風俗民情多有記錄，可作為抗戰前中央對於西南地區理解之參考。

　　陳氏亦於日記中記錄其自我檢討或對人事之個人意見，為理解其心態之重要參考。如1935 年7 月27 日，陳氏以長篇文字反省其短處，列出八項缺點，以及四項「急救之道」與應學習對象，曰：「今晨澈底自省余之短處，不一而足，憤世太深而不能逃世，此一病也。自待甚高，而自修不足，此二病也。既否定自身之能力，而求全好勝名心未除此三病也。憤激之餘，流於冷漠，對人對己均提不起熱情，甚至事務頹弛，酬應都廢，而託於淡泊以自解此四病也。對舊友新交，親疏冷暖，往往過當，有時興酣耳熱，則作交淺言深之箴規，無益於人，徒滋背憎此五病也。對於後進祇知獎掖，不知訓練，又不知保持分際之重要，對於部屬，祇知涉以情感，不知繩以紀律，此六病也。對於公務，不知迅速處理，又不能適當支配，遲迴審顧，遂多擱置，此七病也。手頭事務不能隨到輒了，而心頭時常牽憶不已，徒擾神思，益減興趣，此八病也。受病已深，袪之不易。但既不能逃世長往，則悠悠忽忽，如何其可。急救之道宜從簡易入手。一、戒遲眠；二、戒多言；三、勿求全；四、勿擱置太久。（五日一檢查）其在積極方面：安詳豁達，宜學幾分大哥之長處；熱情周至，宜學幾分四弟之長處；處事有條理宜學幾分黎叔之長處；

交友處世，不脫不黏，宜學幾分佛海之長處；循此行之，
庶寡尤悔乎。」在1935年11月中國國民黨五全大會之
後，陳氏深感體力心力交疲，兼以黨政機構改組以後，人
事接洽，甚感紛紜，乃向蔣氏請准病假一月，杭州養病。
在此期間，陳氏對於自身精神狀況多有檢討，如12月20
日記道：「自念數年來所更歷之事，對余之志趣無一脗
合、表面上雖強自支持，而實際無一事發於自己之志願。
牽於情感，俯仰因人。既不能逃世長往，又不能自伸己
意。至于體認事理，則不肯含胡，對於責任又過分重視。
體弱志強心羸力絀。積種種矛盾痛苦之煎迫，自民十六年
至今，煩紆抑鬱，無日而舒，瀕於狂者屢矣。每念人生唯
狂易之疾為最不幸，故常於疾發之際，強自克制，俾心性
得以調和。亦賴友朋相諒，遇繁憂錯亂之時，往往許以休
息，然內心痛苦，則與日俱深。頗思就所經歷摹寫心理變
遷之階段，詳其曲折，敘其因由，名曰『將狂』，作雜感
式之紀述，或亦足供研究心理變態者之參考也。」

陳布雷交遊甚廣，在日記中留下了大量的交往記
錄，大體而言，可以分為幾個部分：家人、早年就讀浙江
高等學校的同學、任教寧波效實中學之同事、新聞圈友
人、侍從室同僚、中央及地方黨政人士等，其中尤以最後
兩部分在日記所佔分量最多，有時亦會記下對人的品評或
個人感想，頗具參考價值。如1936年10月26日，聞湖北
省政府主席楊永泰於前一日在漢口碼頭遇刺身亡，記道：
「暢卿為人自負太高，言論行動易開罪於人，一般對之毀

譽不一，然其負責之勇，任事之勤，求之近日從政人員中
亦不可多得。竟死非命，至足惜也。」陳氏與楊永泰共事
頗久，此段評論，當為近身觀察所得，可為理解楊氏行事
之參考。再如1936年12月7日，陳氏閱報知黃郛因肝癌
病逝，記道：「黃氏智慮周敏，富於肆應之才，然兩次當
外交之衝，均蒙惡名以去，病中鬱鬱，聞頗不能自解，竟
以隕身，亦時代之犧牲者。」此段記述對於理解黃郛，乃
至黃氏與蔣中正關係之變化，提供了若干訊息。

　　另一方面，陳氏作為蔣中正之重要幕僚，除代擬文
稿、參與會議外，日常與蔣氏接觸頻繁，亦常奉指示，就
重要決策徵詢黨政相關人士意見，這些過程往往記錄於日
記，提供理解蔣氏之側面資料。如1936年5月，陳氏隨侍
蔣氏自廬山返京，於九江搭艦至蕪湖，途中與蔣氏作三十
分鐘之談話，詳述其對於國事之觀察及自身心理煩悶之由
來，蔣氏勸其注意身體，以和而不同為立身之準則，記
道：「委員長謂：種種消極悲觀，多由身體衰弱而起，宜
節勞攝生，對人對事則仍須保持獨立之見解，以和而不同
為立身之準則可耳。」（5月4日）是年9月，成都事件、
北海事件相繼發生，中、日兩國緊張情勢升高，蔣氏時在
廣州，各方催促其返回南京之電報不斷，陳氏於23日記
道：「行政院各部會長昨聯電促委員長歸京，今日孔副院
長亦來電請歸京主持，均奉批『閱』字，但對余言：此間
事畢，則歸京耳。」復記：「晚餐畢，委員長來侍從室，
命予同往散步。旋同至官邸，侍談甚久。見委員長從容鎮

定，對國內政治等仍從容處理。略談外交形勢，亦不如京中諸人之憂急無措，但微窺其意，當亦以大計無可諮商為苦。」再如1948年4月，中國國民黨六屆臨時中全會堅持欲推蔣中正為行憲第一任總統候選人，與蔣氏原意不合，6日晚，蔣氏與陳談話一小時餘，談話內容如何，不得而知，但陳氏於次（7）日日記記錄對蔣談話之感想，曰：「追繹委座昨日之談話，知其對中樞散漫情形甚關懷念，然積習相沿，遺因已久，蓋在第四次代表大會時始矣。今日欲圖補救，確非重振綱紀不可。此決非另起爐灶之謂，實應痛下決心，由中樞諸人衷心懺悔，改革制度，改革作風，刷新人事，多用少壯幹部。而任用幹部，則以公誠與能力為第一標準，如此一新耳目，庶克有濟。今日領袖不能再客氣姑息，黨員不能再諉過塞責了事，非一新耳目，不足以使本黨存在，以號召國人。然環顧黨中能自反自訟者寥若晨星，新幹部亦未作適當之培養，念之殊為憂心悄悄也。」4月12日，蔣氏主持總理紀念週講話，內容關係黨紀黨德及對部分國大代表主張修憲之意見，次日《中央日報》僅有六行的篇幅報導。陳氏則於日記記錄蔣講話重點：「注重黨德，遵守黨紀，決不可以私害公，亦不可對外自損黨的信譽。現值非常時期，應知國恥重疊，國難嚴重，切不可議論紛紜，使大會曠日持久，遷延時日。要知拖延大會日期，使吾人不能專心努力於戡亂，正為共產黨所求之不得者。至於憲法未始不可修改，然此次以不修改為宜，即或顧及戡亂時期之臨時需要，亦應以其他方法求

變通之道。關於擴大國民大會職權及設置常設委員會，萬
不可行。至戡亂完畢時，自可召集第二次大會。」對於探
討蔣氏之心態，具有相當參考價值。

　　陳氏於1948年11月13日去世，1948年為其最後一
年日記，而該年亦是中華民國實施憲政的第一年。行憲伊
始，對於政府而言，各種問題，紛至沓來，陳氏周旋其
間，精神負擔沉重，對黨內諸多現象，憂心不已，於日記
中多有反映，深感「黨內情形複雜，黨紀鬆弛，人自為
謀，不相統屬」，（5月5日）藉由其日記所記，不僅可
以揣度陳氏在這一年之心境轉折，亦可知除軍事之外，
政府與蔣中正在政治上所面臨的困境，對於1949年大變
局，能有更深一層的理解。

　　《陳布雷先生從政日記稿樣》自史政機構對外公開
後，數十年來已廣為學者參閱，相關研究著作陸續出現。
然《陳布雷先生從政日記稿樣》原意並非提供研究之用，
閱讀上仍有不便。今民國歷史文化學社以該書為基礎，重
予校對排印，公開出版，以期為民國史研究者提供重要參
考資料。此不僅對國民政府、軍委會內部運作之研究、對
蔣中正研究，以及民國史相關研究，均具重要意義。對陳
布雷個人，其文字造詣深，忠勤任事，而生活淡泊，日記
記事更給予後人諸多啟示。

編輯凡例

一、本套日記為原東南印務出版社編印，但最終並未
　　發行之《陳布雷先生從政日記稿樣》，自1935年
　　3月1日起，至1948年11月11日止。

二、本套日記依原東南印務出版社編印之版本，重新
　　以橫式排版，與原書排版方式不盡相同。

三、古字、罕用字、簡字、通同字，在不影響文意
　　下，改以現行字標示；原手民誤植之處則直接修
　　正，恕不一一標注。

四、部分內容為便利閱讀，特製成表格，並將中文數
　　字改為阿拉伯數字。

目　錄

民國 37 年

1 月 1 日　星期四　晴　四十九度

　　七時五十分起。今日為國曆新年元旦，天氣晴美，九時前略有陰曇，旋即轉為晴明，陽光煦麗，照耀滿街之國徽飄揚，各機關商店均放假休息，路上行人眾多，交通車川流如織，較之去年元旦尤為熱鬧。余清晨起身後，閱身心修養之書籍十頁，寫字一張，繼閱讀京中各日報。覺中央日報社評與新民報之社評恰恰代表兩種相反的意見，可見統一國論之不易。九時三刻偕默往考試院謁沈士遠師母賀年。十時十分到總理陵墓參加謁陵，到達已晚，遂不及參加儀式，在台級中途與龍志舟、周詒春諸人遙拜而歸。十一日到國民政府謁主席，祝新年健康。十一時五分參加團拜典禮。主席即席致詞，以節約勤勞，迅速確實，勉勵諸同人。典禮歷三十分鐘完畢。中央黨部亦有團拜禮，余恐家中有客，乃先歸。唯果、昌煥來談甚久。一時卅分午餐，芷町來談，至二時十五分去。余今日廢止午睡。三時卅分聖芬來，校訂講稿，發表新聞。天氣甚好，與默外出訪岳軍夫婦、力子夫婦，均未遇。至翠明村謁陳太夫人。五時後回寓閱今日參考資料。學素來談。今日到寓賀年者七十二人，去年元旦為八十人。傍晚九妹伉儷來訪晚餐。策縱夫婦來訪。讀書至十一時卅分寢。

1 月 2 日　星期五　晴　四十七度

　　八時五十分始起。早餐畢，閱報未竣，力子夫婦來

訪，與允默及憐兒同接晤之於小會客室，談小學教育及兩家家務，並詢漣兒學業志願。十時卅分去，寒操來談理論委員會事。盧逮曾來談獨立出版社事。許卓修君來談。延陳醫來打針。旋又與陳荇孫君談話。十二時卅分午餐，餐畢小睡甚久，然疲勞殊甚。三時卅分聖芬偕唐振楚君來談。余觀唐君天資極高明，堪任文字之役。客去後，為仲肇湘題字，閱參考資料等。傍晚毓麟夫人來談。晚餐後整理物件，與憐兒談今後之生活，約一小時餘。十二時卅分寢。

1月3日　星期六　晴　五十二度

七時五十分起。八時卅分允默挈憐兒赴滬，余以預定夜車赴滬，乃整理積存文件，分別作覆：

（一）覆道鄰函；

（二）覆君哲函；

（三）致公權、攻芸各一函；

（四）覆敬之總長函；

（五）覆鶴皋函；

（六）覆俞國華函；

（七）覆何雨馨函；

（八）致吳國楨市長函。

向午洪瑞釗兄來訪，囑祖望代見之。午餐畢後，繼續作函札三緘，致鄭小隱函，致屬生函介紹卓修。閱本日參考資料各件，未及午睡。接季劻兄來函，即電杭州張毅

敷同志，為俞趙祥事。三時舉行第七次小組會議，除寒
操、立夫外均到會。決定文化小組名單等。今日討論異常
熱烈，至八時始散會。五妹約晚餐未赴。十一時與唯果夜
車去滬。

1月4日　星期日　晴　五十四度

七時起。毓麟兄適同車，來談十五分鐘。七時五十
分抵滬站，與唯果同下車。六弟及霸兒、皓兒來迎。秋陽
亦來接。又方希孔、馮有真、羅學濂諸同志聞唯果來滬，
亦到站相迎。唯果就宿余寓，故諸人均分車到惇信路寓。
余寓頓形熱鬧。九時與諸同志進早點，溯中兄亦來談，同
商在滬組織文化黨團事宜。十時後諸君陸續散去，唯果亦
出外訪友，余與秋陽談滬上諸事，旋謙五、季剛兩弟來
談。俞欽侄亦來訪。十二時到國際飯店星光廳應方希孔君
之約午餐。公展、溯中、有真及談益民（市宣傳組長）諸
君同席。席間交換關於滬市一般情形之意見，商擬文化宣
傳黨團名單。二時卅分餐畢歸寓，審閱綱領業。與旦文姨
氏談話後，午睡一小時餘起。六時六弟伉儷來談。七時到
八仙橋青年會參加滬市新聞黨團敘餐，到各報從業員主持
人十一單位二十餘人。余與唯果先後致詞，希孔、公展、
健中、滄波均發表意見，情緒甚為熱烈。十時十分餐畢歸
寓，思圻哥與良英來訪。圻兄為余談家鄉情形及加強治安
之意見，直至十一時始去。唯果歸來，又談一小時許，
十二時卅分寢。

1月5日　星期一　晴　五十四度

　　七時三刻起。盥洗甫畢，希孔來訪，談滬市文化界情形及在滬黨員間相互策勉之經過，以及各方配合程度。八時卅分唯果亦起床，同進早餐，商定幹事會名單，略有增加，合計為二十三人。九時卅分希孔去，十時唯果赴市黨部，對各區宣傳員作講演。十時十分公弼來訪，知新自港歸，已八個月不相見，互道別後情況，並詢港粵文化界活動，談卅分鐘去。叔眉、養生兩君來談效實事，主張本學期宜仍舊貫，勸威博勿萌退志，俟春間再開董事會決定。僅匆匆略談即去。申報周班侯君及王進珊君來訪，余為指示副刊取材之範圍，滄波及六弟亦加入談話。至十二時卅分往蜀腴餐館午餐，係申、新兩報宴請李部長及同業。到海上各報紀者約卅人。與王芸生、王健民、羅敦偉及金融日報某君談話較多。席間觥籌交錯，極為驩洽。三時餐畢，乃歸寓。閱報，午睡一小時餘至五時十分始起。審閱南京攜來之件。王福清侄攜兒女五人來賀年，通侄亦同來，今年較進步矣。吳市長來訪，談卅分鐘始去。六時卅分到市黨部，與唯果二人公宴滬市文化宣傳幹事，餐畢舉行座談，發言者十二人，余詳為解答。十二時歸，一時就寢。

1月6日　星期二　晴　五十三度

　　八時十分起。九時中華時報社宋益清偕王師曾君來訪，談憲政與選舉事。李孤帆兄來訪，未晤。十時卅分唯

果外出訪友，余與皚兒談話。十一時與皚兒同至七浦路吉
祥寺，向先外姑靈前行禮。今日為外姑逝世三週年也。晤
仲未、箕傳、秉琳。與秉琳談久之，一時卅分回寓午餐。
餐畢小睡，至四時許始起。胡健中兄來談浙事及滬金融界
情形。阮毅成兄來訪，談浙事，約卅分鐘去。叔受夫婦、
昌扂、永常等來寓，八妹挈嫻甥、協甥來訪，偕六弟赴麗
都飯店，應滬上新聞界之公宴。八時宴畢，到白賽仲路一
轉而歸。齊鐵生兄來談東北事。十二時寢。

1 月 7 日　星期三　晴、下午微陰　五十一度

　　八時起，九時卅分齊世英君偕鄧蓮溪君來訪，談「時
與潮」社之近情，約一小時。李孤帆兄來訪，談商務印書
館事。彼已膺聘擔任該館副理，十一時六弟偕王新衡兄來
訪。旋公展來談節約報紙篇幅事。一時客去午餐。餐畢，
良敏甥來訪，午睡約二小時始起。何西亞、宓季方兩君來
談，西亞近來益沉著可喜。志成弟來談，朱仰高醫師來為
余診病。三侄與沈賢成、洪禎良、聘良來訪。八時允默備
饌請唯果晚餐。滄波、六弟、君默、六弟婦等同餐，以客
多，未及與君默談話為憾。九時卅分浙省新聞處長孫義慈
君來訪，省府統計長俞嘉庸同來，談浙省展開宣傳事，並
詢浙大風潮真相，談至深夜始別去。與唯果談，十一時卅
分寢。

1月8日　星期四　陰　五十二度

　　八時起。與憐兒談話，囑其稍待小舅父隨同赴慈谿一行，並勖以致力寫作與譯述。此次為憐兒之事，操心已三個月，今惟望其能體念親心，解除其內心之矛盾痛苦耳。余自昨日起又患傷風，今日咳嗽更劇。允默亦作劇烈之咳嗽，氣管閉滯，此皆連日天氣太暖之所致也。九時五十分馮有真兄來訪，談滬中央日報之近況及其計劃，又談滬記者選舉事。沈宗濂兄來訪，談經濟變動物價狂亂之原因，建議：

　　（一）四聯應整頓；

　　（二）輸出入管委會應撤消。

言之甚痛切。今午與李孤帆兄合宴苓西哥於余寓，補祝其六十生辰（十月二十七日），並請經農、伯嘉、滄波、伯楨、荷君、丕華、彬史、佐庭、叔眉諸兄作陪。餐畢已二時餘，諸君又歡談一小時餘而去。小睡，以咳甚不能入寐。傍晚鶴皋兄再來訪，談台灣情形。六時卅分辟塵攜元發來寓，元發唱歌二首，稚態天真，異常可愛，為之心喜，即留辟塵在寓晚餐，秋陽亦來寓。餐畢與家人談話。九時卅分六弟來。十時卅分偕唯果兄同至北站，乘車回京。希孔、有真諸君到站相送。此次來滬前後五天，見客酬應較繁。十一時車開，即寢。

1月9日　星期五　陰　四十八度

　　七時車抵堯化門起身。盥洗畢，與唯果略談。七時

五十分到下關站，君章、聖章來迎，即回湖南路寓所，閱五日來之公私函札多件。十時到國府參加十九次國務會議，到委員十九人，討論總預算案及公務員待遇調整案，均通過，又討論自治通則等各案，決再付審查。十二時卅分散會歸寓午餐。餐畢閱四日內之參考資料。述庭兄來談立法委員選舉事。余今日傷風更劇，咳嗽不止。夜與皓兒略談。核閱幹訓班開學講詞紀錄一篇，作函二緘。十一時寢。

1月10日　星期六　陰　四十七度

　　清晨咳嗽劇作，氣管作痛，疲不能興，只得僵臥，至十時卅分始起。閱報載，河北戰況極惡，為之慨憤不置。毛澤東去年底發表「目前形勢與我們的任務」一文，仍思欺騙中產階級及智識分子，奸匪內部之矛盾可以概見矣。曾擴情兄將去渝，特來握別，與之談話卅分鐘。午餐後閱參考資料多件，並處理函札畢，以咳嗽，仍小睡，直至四時卅分始起。今日陳醫來打針。趙仲容君來訪，值余午睡未接見也。傍晚允默自滬來京。夜孟海來談。讀新約四十頁。十二時寢。

1月11日　星期日　陰雨　四十七度

　　九時卅分起。連日咳嗽，精神不佳。今日星期日，決休息一天。十一時實之弟來談。十時卅分約兒侄自報館回來，談服務狀況，並商補習班事。余以為如與報社工作

不妨害，且不影響健康，則應入補習班修習也。趙述庭兄來，祖望代見之。午餐後與約侄、皓兒等談話。二時後仍小睡一小時以上始起。王中惠親翁來談，至五時後始去。泉兒久未有信來，其所欲進行之FAO工作，恐不能有成就也。劉亦宇（仁靜）君來談話，此為小組所聘之研究委員，人甚誠篤。夜與家人談話。十一時卅分寢。

1月12日　星期一　陰、傍晚晴　四十五度

九時起。余之體力經昨日一日之休息後，精神仍不見佳，而骨痛又作，且頭痛竟日，較前尤劇。服SARIDON丸，亦不見效。以致一日之間，除閱新約二十頁外，一無成就，至為可嘆。北方戰局日惡，主席十日赴瀋巡視後，十一日即飛回主持訓練會議。當前困難，厥為第二線兵團尚不能使用，故共匪糜爛地方之戰術，得以旋展自如也。午前宏濤來談一小時，對行憲後之種種均有討論。午後小睡二小時以上，心境煩悶，於公於私都無好懷。唯果來談約一小時。今日為痛苦之一日。十一時卅分寢。

1月13日　星期二　晴　四十五度

九時卅分起。今日情緒極為抑鬱，易於煩怒，自覺心理上有不正常現象，緣何原因，尋思不得其故。總之對兒女、對環境、對工作、對自身之工作習慣與領導能力，以及對寓中同事，無不有若干之反感及悲憤也。寄憐女一

函。附謙五弟函內寄去。我盡我心而已，遑恤其他乎。午餐後小睡益增惆悵，不能入睡，強抑而止。君章攜來議案，略為審閱。三時舉行小組會議，立夫、希聖未到會，各單位報告達三小時，繼討論提案兩件，至七時十五分散會。夜覺疲勞甚，讀宗教修養書三節。十二時寢。

1 月 14 日　星期三　晴　四十八度

九時十五分起。今日精神略佳，但不能定心工作。久欲將上月文教會議之件加以修訂，遂乃無力為之。閱報載九龍城英警凌辱我居民事件，竟將臨時房舍亦予剷平，引起衝突，並開槍斃人。香港警局如此愚頑，使人憶及五卅當時之情形。近日藍浦森適在南京，回溯二十年前中英邦交之開始好轉，不竟感慨係之矣。接彥棻、希聖來電。中午至主席官邸出席宣傳會報，到十二人，討論加強香港宣傳陣容之辦法。鐵城亦參與談話，至二時始歸寓午餐。澤永來寓談話，對職業事有所請求，余漫應之而已。午後唯果、雪屏、立夫、一樵來談中政校學生為外交抗議事。夜讀書，十二時卅分寢。

1 月 15 日　星期四　陰晴、轉寒　四十三度

昨晚飲少量之酒，未服安眠藥，乃輾轉不寐，睡眠極不佳。今晨九時強起，惟覺腦部沉重，眩暈疼痛交作，精神極不舒暢，作事畏煩。十時卅分胡政之君來訪，談大公報近況及分設港版之旨趣。與之討論當前輿論界指導時

局之重要，請其注意不可正面妨礙戡亂動員，否則無以見
諒於人也。胡君談甚健，向午始別去。閱參考資料多件。
午餐後小睡亦未熟，忽四弟偕祝廉先老友來訪，與廉先談
一小時餘。夜顧一樵來談政校請願經過。與四弟談家事。
十一時卅分寢。

1月16日　星期五　晴　四十四度

八時起。昨晚睡眠充足，今日精神遂較佳，可見安
眠藥未可減省也。為趙述庭兄競選立委事，致周市長企虞
電請其支持協助。為方子重君函甘副秘書長，請將大鑫廠
緩予處置。並處理函札多件。為時代與思想雜誌請增補助
費。延陳醫來打針。午餐後小睡約一小時半始起。憐兒來
函，言將來京一行。又接良英函。為允默致八弟一函。處
理宣傳小組各件，核改提案二件。致希聖、彥棻各一電。
七時始將各件處理完畢。夜目力模糊，不能作事。聞廣州
城市民為九龍案頗有紛擾，不勝憂憤。飲酒一小杯，十一
時寢。

1月17日　星期六　晴　四十八度

八時五十分起。早餐閱畢本日各報載，昨日廣州沙
面焚燒英領館，九龍事件之交涉因之又起波折，殊為不
幸。十時卅分唯果偕陳君素處長來訪，以小組款項事面交
陳君處理。繼與唯果談港案之宣傳。十一時主席約赴官邸
談話，面示對於切戒國民守法重紀，不可以外交事件作暴

民行動，囑擬文告，余略述意見，未蒙採納。想見主席近日焦憤之深也。回寓午餐後，接憐兒第二函。小睡約二小時起。閱參考資料及處理函件。四時張學恭院長來寓，與余研究宗教之理約，二小時始去。傍晚唯果再來談。夜心緒雜亂，不思作事。交擬文告，迄未起草。十一時卅分寢。

1 月 18 日　星期日　晴　四十八度

七時醒，七時十五分起。以冷水洗面後，即為委座起草告民眾談話。為九龍事件，力勸同胞從遠大處認識國家艱難，勿任奸人羼入，使愛國運動演為盲目的排外。此一文告措詞至難，而余連日心緒不寧，腦力更疲，寥寥千餘字，寫至十時卅分始完稿。細思此時元首以緘默為宜，否則既失體制，亦恐有礙外交，乃附箋詳陳理由，連稿件一併送呈，已十一時卅分矣。提早午餐後，即小睡，仍未睡熟。頭痛異常。閱參考資料及函札多件。約兒侄來談。五時六弟來談。七時唯果來談文告事。夜讀舊著。十一時寢。

1 月 19 日　星期一　晴　五十九度

八時十分起。昨晚睡眠充足，今日精神轉佳。九時到中央黨部出席紀念週，總裁親臨主席，由徐委員堪報告主計處工作，歷五十分鐘禮成。在禮堂內與屬生兄略談歸寓。李孤帆兄來訪，言願為新聞報協力。芷町來談審查會

事，兼及政務局近事。道藩來談藝人訓練班事及文化運動
委員會之打算。十二時去。午餐後閱參考資料畢，小睡一
小時半起。黎劍虹女士來談競選立委經過。八弟來談與沈
階升交涉情形。四時卅分出席關於省縣自治通則之審查
會，討論甚久，至七時卅分決定指定小組再審查。夜修改
軍官團畢業訓話稿。十二時寢。

1月20日　星期二　晴　六十一度

　　八時十分起。昨夜亦服適量之藥，而多夢屢醒，蓋
以近日腦中所積貯之問題太多，神經又不寧謐也。晨起閱
報後，處理小組之件。擬為小組改撰春聯（陰曆宣傳之
用）而未就。今日為允默生日，五妹、九妹、約兒侄均來
致賀，金、蔣二君並致送壽糕。午刻由祖望等略備肴饌，
皓兒備酒祝嘏，余亦歡然盡一大杯，不覺微醺。餐畢閱參
考資料。三時開第九次小組會議，決議：

　　（一）加強港澳宣傳案；

　　（二）資料室工作計劃及編制；

　　（三）書刊評論出版辦法。

　　會議歷四小時始畢。道藩與余接洽文化信用合作社
事，沈昌煥兄為余報告外交與軍事情形極詳備。夜道藩再
來談訓練班事。疲甚未作事。十一時寢。

1月21日　星期三　晴、夜雨　五十六度

　　八時卅分起。今日為立法委員選舉第一日，京市各

區均舉行投票，余以工作未畢，未往參加。上午中常會亦請假未出席。在寓撰製春聯十九聯，供年節宣傳之用。自問不擅此道，然觀九如、孟海、寒操所擬似未能愜意，余所撰製或較切實際也。十二時到主席官邸，參加星三會報。雪冰及時昭瀛未參與，報告各件，並商討黨報統一宣傳之管制，歷兩小時始畢。歸寓與然之兄同車，談本黨黨員精神改造之道。午後小睡至四時起。佛性來談中央行憲後應注意之點，凡一小時去。夜續撰春聯。十一時五十分寢。

1月22日　星期四　雨　五十二度

八時五十分起。昨整夜睡眠不佳，僅睡三小時，故起身後頭痛，胃亦不舒，精神甚憊散。閱報及親友書札後，覺不能支坐，十一時後再就睡，服IPR二丸，乃睡一小時五十分。一時起，閱參考資料，整理各方所撰春聯及余自撰之二十二聯，交省吾繕正，以行政院新聞局名義發表之（傍晚七時送交董局長、李部長）。午後約徐佛觀兄來寓，詳談小組業務，解決懸案三、四起，並與佛觀縱談一般時局及黨員心理，歷兩小時。六時卅分到常府街參加正中董事會。十時卅分歸寓，與四弟談話。十一時卅分寢。

1月23日　星期五　大雪　四十二度

八時五十分始起，昨半夜起天氣驟寒，風雪交作。

今日上午飄雪不止，向午愈下愈大。積雪寸許，此為丁亥年第一次大雪也。在寓猶瑟縮畏寒，出外則寒不可忍。為香港展開宣傳及訓練民間藝術人員呈總裁二件。今日國務會議討論例案不多，余遂未往出席。十時卅分到瑯瑯路投票，選舉李清悚君為京市立法委員，選所內選民寥寥，蓋已第三日矣。歸寓閱參考資料文件。接滬寓函，謂嚴諤人親翁以中風病逝世，函君默甥慰唁之。午餐後小睡更冷，三時到農行常董會，與叔明談話，七時歸。八時到官邸晚餐。主席宴全體府委及國府各局長，十時餐畢，歸寓讀書，十一時十五分寢。

1月24日　星期六　陰　三十六度

八時十五分起。大雪已止，寒冷不堪。室內有火爐，溫度在四十度以上，戶外則僅為二十八度矣。街道沉靜，少車馬聲，雪光皚皚耀窗牖，竟日以圍爐讀書為樂。閱學原雜誌論文四篇，閱參考資料及友人函件。午餐後小睡，一小時餘起。賀自昭兄自北平來京訪談，半年不見矣。貽余「周論」一冊，乃上週新出者，執筆均北平各大學教授，言論極平實。夜與唯果通電話，向然之兄索閱滬報論評剪輯。吳紹澍來訪，對其辦報不妥處痛切糾正之。讀延平二三集。十一時卅分寢。

1月25日　星期日　晴霽　三十二度

八時卅分始起。今日寒甚，瑟縮不堪，且心緒頗

散，無心作事。去年冬日，精神轉佳，而今年則不然，可
知年力衰退之日甚也。謝然之兄擬中外文化資料供應社之
章程等件送余研究，余嫌其項目太廣泛不集中，然亦不能
提出更佳之意見。閱新聞報社評，其文字較之申報為整
齊。申報之評論，實大有改進之必要也。辟塵寄來元發成
績，閱之為輾然一喜。午後小睡起，張六師君來談軍事新
聞發表之改善，約一小時去。今日惟耽閱舊籍，讀玄覽叢
書八冊。夜十一時十分就寢。

1 月 26 日　星期一　晴　三十九度

八時卅分起。今日中央黨部紀念週後有常會，決定
第七次代表大會延期舉行，以黨員登記未能如期完竣也。
余以畏寒頭痛，恐受風寒，故請假未出席。在寓修改宣傳
綱領（丙）標語之部。此事自本月上旬回滬早思著手，而
遷延迄今，可知余近來心緒之繁亂，今日乃不能不打疊精
神以為之。然原稿太凌亂，措詞亦多未當，整理修改歷三
小時始完畢。仍不能愜意也。午餐後再審閱後，小睡一小
時餘起。煤爐煙筒淤塞，命人修理之。胸懷甚惡，無力作
他事。讀玄覽叢書。夜十一時寢。

1 月 27 日　星期二　晴　四十二度

八時十分起。閱玄覽叢書一冊，閱十七、八年時代
舊作之論文，再審閱昨日撰定之宣傳標語，至十一時五十
分完畢。又閱國防部新聞局小冊一件。午餐後天氣轉暖，

接芷町電話，商某君呈文轉呈之件。仍小睡一小時餘。道藩來談滬行之經過，並調查白報紙情形及正中書局之件。三時舉行小組第十次會議，寒操、立夫未到，今日討論例案四件，對宣傳事項交換意見，甚為熱烈。接軍務局電話，知民間藝術班訓練計劃已奉批可矣。八時散會，疲甚。晚餐後讀「周論」及舊作。十二時卅分寢。

1月28日　星期三　晴　四十三度

八時十五分起。致六弟及滄波各一函，檢討宣傳小組成立以來之執行狀況，深感於秘書方面得人之不易。為省縣自治通則初步擬制原則事，發致雲五、家菊、尚寬、彬、震、次威各一函，擬下星期一召集。上午為此數事畢已在十一時半，始聞中政會今日開會，已不及出席矣。十二時與各人赴官邸，參加週三會談。顯光、希聖、雪屏均有報告，呈周論一冊，備總裁閱覽。又為新民報事，登載軍事消息不實，製題誇張，與惟果二人向總裁懇切陳明，勿予嚴峻處分。午餐後閱參考消息等多件。小睡至四時起，沈成章主席來談浙事甚詳備。七時卅分起。夜讀書十一時寢。

1月29日　星期四　四十六度

八時卅分起。近日晨醒必劇咳多痰，且背脊發疹瘰，皆煤爐太暖，煤煙熏吸之故也。心緒仍極散亂，欲工作而心思不能集中。因昨日聞沈主席談浙政，研究吾浙政

治改革著手之道，終覺縣級充實為第一義，暇當約同鄉諸公議之。今日仍延陳醫來打針。希聖來談甚久。秋陽自滬來訪，談四明事。午餐後秋陽去。閱參考資料多件。接四弟來函，報告雞山捐款事。小睡極不佳，多惡夢。傍晚惟果來談宣傳方針及學潮事。約一小時去。致明、樂兩兒函，託賀自昭兄攜去。夜與默談話。飲酒，十一時卅分寢。

1 月 30 日　星期五　晴　四十八度

八時卅分起。昨晚睡尚佳，但今日精神仍未復原也。寄七弟一函，謝其寄贈新年禮物，並告家人近況。又致六弟函，告以申報駐徐州訪員不穩妥。十時卅分新民報陳銘德君來談，虛心請益，意殊誠懇，與談新民報之缺點及今後編輯應採取之方針，陳君傾聽甚久而去。向午秋陽來，余囑其歸告佐庭，對四明應維持，不可消極。午餐後小睡一小時餘。三時到團部參加中幹會議，討論上海學潮事，聽取各單位報告。今日到會者甚整齊，至七時始散。夜又感精神疲倦不舒。十二時寢。

1 月 31 日　星期六　陰　四十九度　理髮

八時卅分起。午前研究省縣自治通則及中央與地方之關係。前發寄諸友函，徵求初稿，僅余家菊、林佛性二君有覆函，附初步意見若干條，均甚粗略，他友人均忙於政務，未暇理會，殊感今日能實心研究者太少也。久不理

髮，耳際茸茸，使人不快。今日天稍暖，乃呼匠剪之。閱
報載，甘地被刺（昨日事）消息，此事殊出意外，如此舉
國崇敬之聖雄，乃死於一印度教青年之狙擊，可知宗教熱
狂與民族激情在初被解放下衝擊為禍之烈。戴君季陶悼之
曰，人心不迴，天心不定，誠可慨矣。午餐時精神不佳，
心緒極散亂。餐畢，閱參考資料，極草草。接何敬之將軍
函，附寄講演詞。又接滄波兄一長函。閱陳之邁來函。一
時卅分午睡，至四時許起。有極離奇之夢境。方欲處理積
件，而力子亢儷來訪，談宗教研究及信仰之道。彼二人為
聽講道而來，而張學恭院長今日未蒞止也。潘公弼兄將去
港，來辭行，晤談一小時而去。與君章談小組事，不無憂
急之語。支資料室開辦費交謝然之兄。晚餐後無聊甚，心
繁力疲，骨痛又作。檢討此二週來之工作經過，可云一事
無成。自下月起宜自振作也。十時呼水洗澡畢，讀佛矢遺
著，聽廣播音樂，十一時寢。

2月1日　星期日　陰　四十九度

八時卅分起。今日精神轉佳，心緒亦較舒展。盥洗畢，著手整理積件，核閱小組開會紀錄。閱劉亦宇君所擬之對外宣傳要點，不甚完備，先交油印，備提出會議討論。為小組事，致朱教長等函二件。致盧白、彜鼎、立夫、唯果函各一件。將何敬之將軍演詞送盧白閱覽。午餐後與省吾、君章談侍從室往事。今日決定不午睡，與六弟通長途電話，致六弟、滄波各一函，為陳之邁君介紹外記者事。三時公弢來談兩小時去。致王氏姪孫女二人游戲小札一件。寄憐兒、細兒各一函。寄謙五函。又致果夫函，為泉兒詢職業事。十一時卅分寢。

2月2日　星期一　陰　五十度

九時十五分起。不及參加紀念週，嗣乃知今日為達詮報告工作，無甚重要事也。寫寄泉兒一函，又覆辟塵一函。十時五十分五妹來寓相訪。余先閱參考材料及處理函札，並準備午後開會之件畢，乃與五妹閒敘家常，知彼將於四日回滬省親過年。彼之孝思，有為人所不及者。午餐畢，略談後再小睡一小時起。三時到國府參加審查省縣自治通則小組會，到雲五、余家菊、林彬、尚寬、次威、雷震等七人。芷町、立吳、靜芝亦參加，決定交史、林、胡三人再研究。七時卅分歸寓，八時晚餐。夜毓麟伉儷來訪，為其小女命名。十一時寢。

2月3日　星期二　晴　四十七度

八時卅分起。致滬上親友函件數件，閱定下午會議之報告。十一時徐道鄰君來談同濟學潮經過及整飭學風之觀察。十二時卅分張毅夫君來談浙事。一時午餐後，閱今日所到文件，核結上月收支冊。小睡至二時卅五分起。申報駐鎮江記者房滄浪君來訪。三時十分舉行小組第十次會議，應到諸人全體出席，教部田次長亦參加，各單位報告工作進度，以行政院新聞局為特詳。席間討論上海三次暴動風潮案及國外宣傳要點。七時卅分散，與佛觀談話，指示其赴滬談話之要點。八時卅分晚餐。夜十一時卅分寢。

2月4日　星期三　雪　四十七度

九時十五分起。又不及出席中央常會。近來真似怠工，余之不振作甚矣。檢閱昨日會議之件，擬往訪文白兄，知其外出，以電話相約，乃謂下午過我，囑勿往。十時卅分外部秘書張沅長君來談（為「新聞天地」雜誌登載不利於外部之訊）。十一時卅分俞樵峯部長來談。十二時十分參加官邸會報，除立夫、佛觀外，諸人均到齊。主席詢宣傳方略，並討論滬上風潮迭起之應付處理與警戒辦法。二時散會歸。午餐後，閱參考資料等件，仍小睡一小時。五時文白過談時局及國策，甚久而去。夜閱電報。十一時卅分寢。

2月5日　星期四　晴曇　四十七度

八時五十分起。檢閱京滬各報紙之社評、要聞、地方通信與副刊，覺宣傳指導上之問題尚多。吾人之努力實亦未盡。對於申報評論方面之薄弱空虛，尤感缺憾也。延陳醫再來打針。注射 Biflavin 已二針，目疾應可稍癒矣。閱新聞天地雜誌，待六弟不來，殊為悵惘。午餐後仍小睡，為人題字。為果夫發寄錢天鶴函，替泉兒謀事也。傍晚六時卅分應約往謁主席，痛陳：

（一）治安；

（二）剿匪；

（三）行憲準備；

（四）中樞與地方關係；

兼及私人今後工作事，談一小時許而歸。夜佛性來詳談。讀書至十一時寢。

2月6日　星期五　上午微晴、下午陰　四十八度

八時五十分起。閱史尚寬、林佛性、胡次威三君整理之省縣通則原則案，靜芝遽以送雪艇，實屬不當，然既送出，則七人小組亦不開會也。十時到國府參加第二十一次國務會議，出席者二十人，討論例案六件，聽外交軍事報告，又討論引渡日戰犯及截止檢舉經濟文化漢奸事。十二時一刻散會歸。午餐後小睡約二小時始起。閱參考資料及滬市文宣黨團計劃等。接六弟一詳函。五時王惟英君來談黨政考核委員會事，知其旅況艱困，為之惻然。夜閱

讀書報，與默閒談，未作事。十一時卅分寢。

2月7日　星期六　陰晴　四十九度

八時卅分起。覆六弟函，討論新聞界選舉事。致卜少夫一函，為「新聞天地」雜誌登載稿件太濫，請其注意。十時一刻亮疇先生過談行憲前準備各事，並談政黨約束在議會黨員之辦法，約一小時餘。十一時卅分往訪岳軍先生，談中樞政象及地方政治。十二時卅分參加其定例會餐，到新聞局長、外次、教次等多人。餐畢敘談，至二時三刻歸寓。小睡不酣，旋即起。閱參考資料及函札多件。楊孟昂君攜李祖範兄函來談。八時參加官邸年宴。白部長報告軍事，委座分析戰局與時局，十時始散。歸寓讀書，十一時寢。

2月8日　星期日　晴　四十九度

八時十分起。九時卅分陳醫來打針。發寄應蓀舲兄一信，檢筆、墨、茶葉、參藥等分贈孟海、滇生兩兄，以酬其代撰文字之勞。又以紙煙八罐贈實之弟。正擬付役寄投，實之弟適來訪，遂親貽之。實弟談三刻鐘去。十一時朱騮先教長來談整頓學風方針及教費分配情形，大不滿於行政院，余聞之殊為怫然不怡。何今人之好推諉乃爾耶。午餐後閱參考資料等件，小睡一小時。張鐵君兄來談，志願致力於喚醒夷胞之工作，其抱負可嘉。本欲外出作郊遊，以時遲而罷。入晚心懷抑鬱不舒。夜讀宗教書籍，

十一時十分寢。

2月9日　星期一　晴　五十一度　丁亥除夕

八時十五分起。主席昨日午飛潯轉牯嶺休息，以今日為陰曆除歲之日也。各機關今日下午均放假，舊習俗之不能改革，於此可見。上午錢天鶴君來訪，談聯合國農業糧食組織事。洪君勉兒來談浙省選舉。岳軍夫人來訪，勸余研究宗教學。午餐後諸親友紛紛餽贈年節禮物。接嚴甥來函。小睡一小時許起，三時舉行宣傳小組十二次會議，交換情報，並討論業務。今日會議縮短時間，以湯糰餉諸同人。約八弟、約兒來晚餐辭歲。夜與約兒閒話。十二時三刻寢。

2月10日　星期二　晴　五十二度

七時五十分起。今日為戊子元旦，天時晴美和暖。盥洗畢，寫字一張，與允默、約兒、皓兒食年糕圓子作早餐。政務局同人集體來賀年，盧滇生、唐乃建、劉元瓚夫婦先後來賀年，樓道中姻兄亦來賀年。十一時毓麟夫婦來賀年，留與午餐。餐畢又談話一小時別去。今日余竟日素食，遵先父舊制也。午後小睡一小時餘。希聖來賀年。四時偕默攜皓兒出中山門作郊遊，在靈谷寺散步一小時餘，六時歸寓。寫寄綽兒侄一函。夜閒話家常，聽廣播平劇。十一時寢。

2月11日　星期三　晴　五十二度

　　八時十五分起。天時轉暖，近日晨起亦提早矣。今日為中政會臨時會，討論國民大會準備事項，于先生主席，各人發言甚踴躍。對副總統提名事，均主不採限制主義。午刻唯果夫婦來賀歲，旋道藩兄亦來，留一參考件（關於配紙之件），匆匆遂去。午餐後為約兒改小品文一篇。約兒基礎太差，而筆力不弱，假以磨琢，亦可造也。小睡一小時許起。星野兄來談報館事。四時後擬外出，而九妹偕步霞妹丈來，實之弟、八弟亦同來食湯糰，夜九時別去。整理物件，十二時寢。

2月12日　星期四　陰　五十一度

　　八時卅分起。桌上堆積書件，久未整理。閱報既畢，乃彙集而整理之。約三小時始大致就緒。寄鉅鹿一函。致希聖一函。寄去申、新兩報聘駐美特派員件，託寄陳之邁君轉寄。午餐後小睡二小時起，閱參考資料，核閱小組會議紀錄。致政務局函，寄還許卓修件。呈主席一函，請假四天。又留致道藩、惟果各一函。六弟來談一小時。四時卅分張學恭博士來寓講宗教，約力子夫婦來同聽講，往返講論，約二小時。今日九妹請客，余未赴席。晚餐後六、八弟來談。十一時乘車赴滬。

2月13日　星期五　陰雨　四十八度

　　七時起。盥洗畢，過南翔站，七時五十分到上海北

站，霸兒侄來迎，與秋陽同車回惇信路寓。早餐後，閱報
畢，偕允默同往江灣路七號探視細兒。見外孫大超在襁褓
中，肥皙可愛。細兒乳癰未癒，只能臥床養息坐話，至
十一時卅分回寓。午餐後苓西、孤帆來談。王伯天兄來訪
未晤。吳市長國楨來訪，談滬市學潮工潮處理經過。葉溯
中兄來談。莊仲文兄來訪，談海上工商界之危機。佩箴來
訪，三侄、八妹、六弟婦、卿侄女及甥女諸侄、侄孫等均
來賀歲，室小人多，來者凡二十餘人，幾於應接不暇。夜
七時顯光宴滬新聞界同人於余寓，到公展等十人，談新聞
自由會議，十時散。與六弟、俞欽談。十二時寢。

2月14日　星期六　陰雨　四十八度

昨晚睡不酣，晨醒極早，曚曨中再睡至九時五十分
始起。李叔明兄來訪，談農貸方針及農業供銷業務之推
展。與之同進早餐。旋蓀舲兄及楊孟昂二人來訪。卜少夫
兄偕啟煦侄來談。向午潤卿先生及佐庭兄來談。四明董事
會秘書孫宜生來訪。一時卅分午餐，餐畢已二時。小睡未
熟。何西亞、宓季方來談。呂曉光來訪，僅與匆匆談數
語。三時偕鶴皋兄同赴四明銀行，出席董監聯席會，到
十二人，決議通過上期決算審查報告，並決定待遇案。七
時散會，應總經理之宴會。與玉書同學敘談甚久。十時與
苓西兄同車歸寓。俞欽偕項仲雍來談。十一時卅分寢。

2月15日　星期日　雨　四十七度

八時卅分起。盥洗畢，補記三日來之日記。九時志成弟攜學綜侄來談。沈賢成、洪聘良兄弟來賀歲。辟塵攜元發、儀發同來。余近來惟見童稚乃心開耳。王冠青夫婦來訪。良英來，竟未及與之長談。文濬來訪。向午貞柯來訪。留志成、貞柯同午餐，餐未畢，徐玉書同學來談。又王伯天兄來長談一小時。季剛弟及學芩來談。今日客多，遂不午睡矣。四時到邁爾西愛路訪杜月笙君，約申報幹部開談話會，商本年業務。旋新聞報諸君亦來會，七時敘餐，以新之先生勸飲，進白蘭地一杯餘。十時歸寓，慶萊侄來談。十一時卅分寢。

2月16日　星期一　雨　四十九度

八時起。昨晚睡足六小時，以咳嗽早醒。今日微雨竟日，在寓靜坐讀書，訪客多未接見。唯嚴獨鶴君於十時來訪，係昨日託滄波特約者，與之講論副刊編輯之道，約一小時。余謂嚴君，上海有十餘萬市民，每日讀君之小評，君宜常以積極針砭之詞振奮民志也。午餐時與良英通電話。餐畢小睡一小時餘。閱京滬報紙，知蔣主席日內尚不擬下山也。何西亞、王顯廷兩君來訪。談申報之業務。晚餐後，秋陽及六弟先後來寓。與六弟談館務。十時卅分同至北站乘車回京。與陳啟天兄同室，談經濟部業務。十二時寢。

2月17日　星期二　陰雨　四十八度

　　七時車過堯化門，為車役喚醒。七時十五分抵下關站，君章、文祥來迎，同車返寓。早餐畢，閱京中各報。九時卅分著手起草新生活運動紀念日通電，思路滯礙，文機不暢，歷三小時始完稿。午餐後閱各方來函十二件，參考資料三件。二時卅分道藩來談。三時舉行小組第十三次會議，諸人均到，無一人缺席，相互報告並檢討，發言熱烈，至七時始散會。八時晚餐，接牯嶺電話，乃知新運通電希聖兄已另擬一稿，則余文可以不用矣。與唯果談袁甥事。十時希聖攜通電改正稿來商，為整理之。十一時卅分寢。

2月18日　星期三　陰　五十二度

　　九時始起。昨晚睡不佳，似係服藥不足量之故也。就希聖昨日留稿再為斟酌。十時送政務局繕發，由新運總會發表。請陳醫來打針。盧滇生、秦振夫來見，為亮疇先生寓所三十五年租金事（原付英鎊，一部已作廢，被退回），囑余轉請委座補助。此事甚難說明，告以請亮公來一函再說。王健民君請見，以事辭之。午餐後閱參考資料等。接杭州諸侄一函。文兒一函甚有趣味。小睡至三時卅分起。出席中幹會議，討論青年問題，到者不多，而討論極認真。七時散會，即至傅佐路董宅，應顯光兄之約晚餐，商新聞自由會議出席之人選。余忽患頭暈，合眼養息一小時始癒，十時歸，十一時寢。

2月19日　星期四　陰、稍霽　五十八度

八時五十分始起。十時亮疇先生來談憲法與中央機構之運行及國民權義與基本國策章實施之細目，約一小時始去。陳君素來訪，以小組款項諸事囑其辦理，由君章轉交之。十一時蔣志澄君來談文化出版界近況及正中之情形。十二時約兒侄來寓午餐。餐畢與約兒論文字，並與四弟通電話。小睡甚酣，至三時卅分始起。孟海攜稿再來談。旋周宏濤秘書來談，謂明日去牯嶺云。晚餐後竺藕舫校長來談甚久。覆西亞一函。讀書，十二時寢。

2月20日　星期五　陰雨　五十八度

八時卅分起。積迨、宜陵兩侄自杭來京投考，攜來四弟一函，與之略談。九時五十分於憑遠兄來訪，彼由國防部第二廳轉任國府參軍後，事務稍閒，余頗勸其為桑梓效力。蓋兩浙治安堪虞也。談一小時許而去。向午約兒來寓，攜來昌掖一函。午餐後閱函件及參考消息，遂不午睡。為朱騮先兄審閱整飭學風令，並為修改之。四時到中央日報參加新聞研究員訓練班畢業典禮，畢業者為趙廷俊、章文煥、李廉君、江德成、張寄廬、王樹學、胡國治（本報留用）、陳遠耀、楊春台、周永炎、蕭義環（中宣部）計十一人。六時接開常董會。七時到常府街舉行獨立出版社常董會，決議以葉溯中改任總經理，又議決增資案。十一時回寓。十二時寢。

2月21日　星期六　晴　六十三度

八時五十分起。宜陵姪已赴學校投考去矣。在寓閱報後，約芷町兄來商文稿，並談近事，約一小時餘而去。芷町對余所草之整飭學風令稿，認為後段說明不夠充分，余則自嫌為議論太多，不合格式，欲研究重改，而腦力殊遲鈍。午後又約陳雪屏兄來商酌，雪屏另加二語。嗣由徐公起君匆匆來攜去，甚覺悶損不樂也。今午參加張院長官邸之座談會，到厲生、公超、雪屏、惟果及新聞界諸人，對當前要務交互報告，歷二小時餘始畢，回寓已晚，不及出外游覽。夜讀書，十一時三刻寢。

2月22日　星期日　晴、有風　五十四度

八時卅分起。昨晚雖服新藥，而睡眠極不佳。今日起床以後，頗感頭量，且精神倦怠，乃服Bengeline 二丸。十時後始稍癒。延陳廣煜君來打針。十一時杜建時市長來談津市及華北近況，約卅分鐘去。八弟來寓午餐。餐畢與之談話約一小時以上，詢以服務心得，並盼其早日訂婚，此我兄弟共同之屬望也。二時後小睡一小時餘起。本擬偕迨姪等外出，以風大未果，在寓閱報紙期刊多種。良英甥自滬來訪，為請求升級換職事，託李總經理注意。良英夜車返滬，託攜去致家人函。十一時卅分寢。

2月23日　星期一　晴　五十八度

九時十分起。不及參加紀念週，蓋近日睡眠不安，

因而行動極懶散也。報載合眾社離奇之報導甚多，甚感新
聞自由四字被濫用之可悲。如謂蘇聯指使非正式人員向我
方提請調解剿共戰事，如謂司徒亦主張和談，均捕風捉影
之談也。上午閱書報外，僅與迨、遴二侄閒談。並致四弟
一函。午餐後小睡起。楊玉清君來談鄂省選舉事，並商半
月刊之前途。僕人生爐子太熱，又觸發重傷風。咳嗽甚
劇，氣管作痛，精神極不暢。接六弟來信。夜寫寄六弟覆
函。致鉅鹿同學一函。讀書休息，十一時寢。

2月24日　星期二　晴　五十八度

九時五十分始起。昨夜咳嗽不止，今晨仍未癒，且
係乾咳無痰。十時卅分延陳廣煜兄來診，仍投以止咳藥
水，恐其效果甚緩慢也。今日因咳嗽而有頭痛之疾，不能
看書作字，閒散休息而已。午餐後小睡亦不佳，約沈昌煥
君來談外交。三時舉行宣傳小組第十四次會議，寒操離
京，立夫有事未到外，餘人均出席。交換報告各事項，達
二小時。又通過台省名單及成都增加幹事名單。討論對青
年宣傳案。七時許散會，余以勉強出席，頭痛加甚，且目
力模糊。夜讀報告兩件、外論一篇。惟果、昌煥兩君來
談，至十一時去。即寢。

2月25日　星期三　晴　六十二度

九時十五分起。昨睡前談話太興奮，影響睡眠，今
晨起床後殊苦頭暈。又氣管炎加甚，時作劇咳，而痰不能

暢，胸口作痛，意緒甚惡。兼自星一以來，目力又模糊加甚，用擴大鏡始能辨小字，滋以為苦耳。閱新聞局顧問所擬對美宣傳件，寄還董局長。又致樵峯部長一函。寄皋兒、憐兒各一函。午餐後小睡一小時，以咳嗽未睡熟。四時卅分最高檢察署鄭烈先生來談其革命經過，與法曹掌故，良久而去。公弼兄自港回京來訪，唯果亦來談。晚餐後岑寂無聊，又不能讀書，十時即寢。

2月26日　星期四　陰　六十二度

八時卅分起。咳嗽仍未癒，今日臨時常會遂不及出席。嗣知為討論選舉事也。延陳廣煜醫官來診視，為余注射維他命C，並投治咳藥劑而去。目疾亦增劇，心緒鬱抑異常。室內書物散亂，亦無心整理。致泉兒一函，亦中輟而後寫完。精神衰疲至此，真不知何以為繼也。接允默來函，言將展遲至下月初始來京。下午寄一函覆之。念憐兒之境遇，又為之悵惘不置。一時卅分小睡至二時起。天氣陰沉，骨痛又作。三時再就睡，傍晚始起。夜讀心理治療書。八弟來談，十一時就寢。

2月27日　星期五　陰　六十度

八時卅分起。精神仍不佳，微感頭暈。十時出席第二十二次國務會議，報告案甚長，討論地方自衛經費及菸酒加稅等各案。主席對發行糧食庫券事有詳切之指示。十二時卅分散會，冒雨歸寓。接細兒來函，寄來嚴氏物。

午餐後小睡至三時起。接道中君來函，餽贈藥品二事。四時出席中央黨部中幹會報，五時十五分散會歸寓。閱參訊等件。蕭同茲、潘公弼兩君來訪，談中央通訊社及國民日報事。旋唯果來談。夜張國疆參謀來訪，談軍事。希聖來談。十一時卅分寢。

2月28日　星期六　陰　五十八度

八時三刻起。天色陰沉，似將釀雪，余之心情亦隨低氣壓而顯其沉鬱。目力枯澀，不能多寫字，手腕震顫之恙亦劇，午前除閱報看參考件而外，僅為蔣夫人改正一篇講演稿而已。十二時覺悵悶無聊，就床小睡，亦不熟。思緒潮起，念大局、念世習、念家庭、念個人，回皇痛苦不可言狀。強起食飯，不知味也。芷町來訪，謂佛海死矣。枉用其才，被惡諡而沒世，為之慨痛不置。四時林佛性兄來談今日立法院開會情形。傍晚為公弼改正國民日報說明書。夜讀舊書。十一時寢。

2月29日　星期日　大風雨　五十四度

八時三刻起。昨半夜忽起大風，由東北風轉北風，聲撼牕戶，風勢之大，為南京所罕有。余睡中屢次驚醒，整夜睡不足七小時。晨起風雨交加，氣候驟寒，惟精神似較昨前數日為佳，心緒亦稍定。上午研究憲法問題外，未作他事。范爭波君來談我國出席聯合國新聞自由會議之人選，意在推薦劉豁軒君，余告以此事應向中宣部及新聞局

言之。又談天主教應組織政團，余切誡其不可有此主張，
恐無益於國，而轉有害於宗教，因此事為羅馬教宗所不喜
也。范君聞余言悚然有覺，表示接受。旋於憑遠君來談自
身工作及浙省治安問題。余本力勸於君為桑梓保安事務努
力，但彼切陳困難，亦只得作罷。中午十二時十分委座約
宴東北耆宿張作相、馬秀芳、萬壽山、鄒作華等，莫柳
忱、劉敬輿亦參加，余與白部長被邀作陪。委座表示營口
棄守，係王師長內潰，但中央必確保東北。二時餐畢，余
留談卅分鐘歸寓。三時後小睡至五時許醒。九妹及步霞妹
丈來訪，留同晚餐，餐畢暢談步霞留美見聞及對於發展中
央大學教育系之意見，九妹談家務，儼然作主婦矣。十時
別去，讀宗教書，十一時寢。

3月1日　星期一　晴　五十六度

八時十分起。九時參加中央黨部紀念週，由白健生主席，並報告剿匪軍事，歷一小時始畢。會後與蘭友等略談，並與果夫談香港國民日報增資事。十一時歸寓。餽邵力子先生以目疾藥片。惟果來談，約定今晚同去滬上。向午約兒侄來訪，切勸其對家庭應盡孝道，尤須體貼父親心理。午餐後並與談工作進修之道。三時芷町來談，遂不及午睡。五時亮公見訪，談行憲準備極詳盡。與文官處通電話。夜實之來談，託其帶物件。十時許靜芝君來談國大事。十一時赴滬，十二時寢。

3月2日　星期二　晴　五十六度

昨晚中夜劇咳一小時，清晨七時起。七時五十分抵站，六弟及祖望來迎，同歸惇信路寓。知葉秋原君昨晚逝世，至可悲悼。旋謙五弟來訪，談憐兒在鄉情形，並謂學純侄將去台灣。十一時馮有真兄來訪。十二時卅分到國際飯店，與鐵城、惟果聯名約請四行兩局同人，商香港國民日報增資事。到公權、漢章等九人，均表贊同，各單位各認港幣十萬元（谷春帆未到，由叔明代表接洽），二時卅分散席歸寓。福汕侄來訪，旋六弟來詳談申報之業務。七時到雪園長興館，應公弼之約晚餐，食禿肺甚鮮美。九時散席歸。惟果同來談敘。十一時卅分寢。

3月3日　星期三　晴　五十八度

昨夜咳嗽更劇，胸部作痛，且多痰，睡眠殊受妨礙。今晨睡至九時五十分起。宋漢章先生以八時卅分見訪，竟未及晤談也。葉溯中兄來訪，談獨立出版社事。詹文潚君來訪，談政府配紙之利弊及新聞報業務之前途。向午貞柯、叔眉兩兄來談鄉邑情形及效實學校事。秋陽來寓，未與詳談也。一時午餐，因待醫生，遂不午睡。三時延孫君長孺來診病，謂慢性氣管炎，並不嚴重，但須慎攝。公弼來訪，談國民日報改組公司之要點。四時五十分小睡，六時起。良英甥來談。夜俞欽來長談。十一時寢。

3月4日　星期四　晴　六十度

九時卅分起。方希孔兄來訪，值余尚酣睡，未及晤。蓋昨晚仍以咳嗽醒一小時許也。盥洗畢，閱書報並理帳冊等件。十二時六弟偕弟婦來訪，十二時卅分到中正西路中實三樓，出席星四聚餐會。到公展、友三、玉書、百川、溯中、健中等六人。餐畢舉行會議，余被邀致詞。繼報告軍事，討論明德學社之組織要綱及其他議案，三時卅分散會歸寓。學純甥及積祚先後來談。施秉琳來談。繼而公弼來接洽報社增資進行各事。囑其與玉書再商。五時卅分葉啟宇兄來談房屋事，七時別去。嚴甥君默來訪。張六師來晚餐，八時五分去。夜與家人及鐙兒談話。十二時寢。

3月5日　星期五　晴　六十二度

八時起（昨晚咳嗽更劇，痰塊艱澀難吐，至為痛苦）。今日原定夜車回京，允默以余咳嗽如此，恐成肺炎，力主余休息兩日，乃通知申報，展期成行。九時卅分朱經農、李伯嘉兩君來訪，談學原社事及滬上出版業情形。十一時與杜君通電話，又與葉啟宇兄商房屋事。十二時午餐畢，小睡一小時餘起。啟宇饋茶食兩盒。六弟饋蘭花兩盆。四時卅分祖望來訪。五時月笙來談滬上近事及申報事，約一小時。鶴皋來訪未晤。公弼再來接洽館務。西亞來，晚餐後去。九時卅分六弟夫婦來談。十二時寢。

3月6日　星期六　晴　五十八度

八時卅分起。昨夜轉為乾咳，今晨喉音嘶啞，喉管微癢，殊感不適。允默勸就醫院診視，然止咳無特效藥，余亦未赴也。在寓中發致四弟一函，閱書報。庭蘭已開放，至可賞玩。滬寓環境清寂，實勝於京寓，然房主屢來催遷，則殊敗興耳。平玖甥女攜兒來訪。擬約百閔談社務，值彼外出不能來。閱香港出版之小冊子。午餐後小睡至四時許始起，實未睡熟，偃臥養息而已。葉啟宇兄再來訪，談與通和接洽房屋情形。鶴皋兄來談近事，約一小時而去。夜志騫姪來談，與家人閒話。十一時寢。

3月7日　星期日　陰　五十四度

清晨又劇咳不止，七時十五分即起。此次咳疾，夜

間甚於晝時，只有起坐乃能稍止也。來滬上已六天，了無佳趣。家人以余久咳，均止余今日勿回京，然明日有會議，不能久留，以電話詢孫醫生，再配藥兩種服之。藥力亦平常，惟以鹽水蒸氣吸入，乃可使喉部滋潤舒適耳。向午良英來談，午餐後去。小睡一小時餘醒。閱宗教哲學自遣。本欲為一論文投寄申報，以資料不齊，未作。向晚公弼再來談。晚餐時秋陽來。八時卅分六弟來談報館增資事及其他。十一時赴北站，登車赴京，即寢。

3 月 8 日　星期一　晴　五十四度

六時卅分醒，以平睡易咳遂起。七時十五分車抵下關站，君章、聖章來迎，同車返寓。進早餐後，閱一週來函件及參考件。接璉兒一函，述家鄉生活。九時卅分惟果來談一小時餘。十一時楊玉清君來訪，談三民主義半月刊事。向午約兒姪來寓同午餐。餐畢與之談話半小時。接文兒、綽兒來函及四弟來函。小睡僅卅分鐘即起。閱讀關於宣傳小組之各文件。三時到國府出席法制、政治兩審查委員會，討論：

　　（一）省縣自治通則之原則；

　　（二）東北臨參會成立問題等。

　　七時卅分散會，晚餐後讀書報。十一時寢。

3 月 9 日　星期二　晴　六十三度

八時五十分起。九時鄭曉雲先生來訪，見示舊作「精

忠栢」史劇一冊，囑為校讀之。丁文淵校長來談同濟大學
處理學潮之經過，其負責精神極可佩。最後結論則謂，政
府宜注意充實教學設備。乃可收整頓學風之效也。客去
後，實之弟來談，約一小時去。閱參考書件畢始午餐，已
一時許矣。天氣驟熱，小睡亦不酣。三時舉行小組第十五
次會議，僅道藩赴滬未出席。彥棻報告粵行經過，中宣部
某君報告研究收復區工作之緒論，七時散會。昌煥、滄波
來談。八時卅分允默自滬歸京。孟海來談。十一時寢。

3月10日　星期三　晴　七十度　理髮

八時起。九時出席中央政治委員會，聽取外交、軍
事及司法行政之報告。討論例案一件。十一時十五分先歸
寓。馬星野、劉豁軒兩君來訪，商談對於出席聯合國新聞
自由會議之意見，至午而去。午餐後，閱法制政治聯席委
會報告，核簽後原件送還。又閱參考要件。小睡一小時
起，呼匠理髮，並延陳醫官來打針。五時偕默出游玄武
湖，沿堤步行一周，又在公園散步，六時卅分歸。八弟來
晚餐，談時事，備致憂慨。晚餐後楊孟昂君來談。旋芷
町來談國民大會事，覺問題甚多，約蘭友來商。十一時
卅分寢。

3月11日　星期四　雷雨、陰　五十八度

八時起（今晨五時京市震雷，致電廠關閘震毀）。細
思昨晚與芷、蘭所商有未盡周洽者，復函芷町告余之所見

（早餐後發出致憐兒一函）。九時出席中央臨時常會，與力子談，彼亦以為國大會期太促。旋開會，由哲生主席，討論中央全會問題，約一小時餘。旋又討論中央提名代表與簽署代表間糾紛未決之問題，歷三小時餘始稍得結論。請願者由劉文島、王秉鈞代見之。又應約至別室與于、居、孫、邵、立、屬等商開會前準備之問題。二時始歸寓午餐。餐畢閱文件及參考件，小睡至五時起。往謁主席，陳述對國民大會之看法。主席以為不應拖延不決，尤不可作延期之打算。七時歸，與各方通電話。夜十時卅分寢。

3月12日　星期五　陰、夜大雨　五十四度

　　昨夜豪雨，今晨天色晦冥如墨，至十時始霽（今日為國父逝世紀念日，黨員之散漫至此，自茲以往，宜知所做矣）。余九時起床，盥漱閱報後，十時出席國務會議第二十三次會議。到委員十九人，討論自治通則及法幣基金等十二案。十二時卅分散會，在會場與翁詠霓兄談甚久。一時十分歸寓午餐。餐畢小睡，至二時卅分起。閱參考文件後，出席中幹會議，出門時，余寓大水滿街，幾不能行走。到黨部開會後，六時十五分先退，往訪亮公，談今後改制，討論甚詳備。夜沈昌煥兄來談久久。十一時十五分寢。

3月13日　星期六　雨　五十度

　　八時五十分始起。氣溫降低，霪雨不止，天容晦

暗。余今日似患極輕微之感冒，畏寒特甚。十時中央黨部
約集商討行憲及國大問題，以病請假未往。竺副官欲請長
假，余告以可給短假歸里掃墓，此時不必辭職也。在寓閱
書報及參考件，研究今後政治局勢。十一時卅分八弟來
談。十二時六弟來同午餐，餐畢會談二小時許。小睡未
熟，起床後畏寒更甚，又生爐火，而瑟縮始稍已。傍晚唯
果來談晤袁談話之經過。晚餐後心緒紛雜，精神不佳，閱
讀宗教書。十一時寢。

3月14日　星期日　雨　五十二度

九時五十分始起。昨服藥不足量，睡眠不寧，但今
晨起床以後已不覺有感冒現象矣。閱參考消息及函件，辦
理應酬文件。申報記者有參考電訊之制度，該社寄示數
則，內容極佳。午刻主席約談（希聖未往），余與芷町同
往見，佛觀亦參加。主席囑預備國大開會詞，商酌要點，
余面陳大意，主席再為補充之。一時同進午餐，與經國略
談而歸。接七弟海外來函。小睡至三時許起。寄羅慶蕃等
一函。傍晚昌煥來談，對時局備致憂慨。夜錢乙藜君來談
中國社會經濟研究會事。十一時寢。

3月15日　星期一　陰雨　五十二度

九時起。已不及參加紀念週。在寓閱報後，十時到
中央黨部出席黨報社長會議，此為宣傳部所召集，到各地
黨報負責人二十一人，余與季陶、浩徐、君武均被邀致

詞。季陶講演甚長，歷一小時餘始畢。余等均簡單致詞，至十二時三刻始散會。歸寓午餐畢，研究國民大會問題。閱參考文件。小睡一小時以上。起後發寄憐兒一函，又致四弟函。寄蔣志澄函，為家棟甥介紹。今日天氣極惡劣，筋骨酸痛殊甚。祖望七時半回京。接明兒來函。夜十一時三刻寢。

3月16日　星期二　雨　五十二度

九時一刻起。霪雨連朝，陰晦不霽。仲春時節，有如冬令，於農作、於衛生均有不良影響。多病之軀，更覺悶損。為汽油問題，對同人濫用，甚覺不快，特訂緊縮辦法五條，通知實行。為此一事，又動火氣。其實皆祖望作俑之過也。十一時接陳醫來打針。致冠生一函，旋即得覆函。致君默、細兒函、良英函、啟宇函、六弟、四弟函、明樂函，又致蓀舲一函。今日未及午睡。閱參考件及函札後，約佛觀來談。舉行宣傳小組會議，至七時散會。約陳雪屏來談青年節事。又與道藩談話。夜毓麟夫婦來訪。寫報告一件。閱今日報紙。十一時寢。

3月17日　星期三　陰雨　五十度

八時卅分起（昨晚睡眠尚佳，新藥似頗有效）。九時出席中央常會，原為討論臨時全會之議題，但臨時忽以勸導國大代表互讓當選之問題引起討論。此事一誤再誤，複雜已極，會中主張亦分多種，紛紜莫決。余於十一時卅分

先退席回寓。值徐柏園君來訪，談十五分鐘。十二時卅分
出席官邸會報。二時歸午餐。餐畢閱報後，小睡至四時許
起。閱參考資料等各件。祝廉先同學來訪，談卅分鐘去。
八時約乙藜來談，以主席之所言轉告之，戒其勿為政治活
動。八時到官邸晚餐，立夫、經國同餐，餐畢報告對於行
憲之所見。九時歸，十一時寢。

3月18日　星期四　陰雨　五十度

九時始起。聞君章言，唯果於八時來訪，余尚高
臥，留言而去，甚愧疏懶，一至於此也。盥洗畢後，閱報
並研究此次中央全會之問題。十時朱經農君來訪，談時局
及學風，感慨悲憤，不盡欲言。此君為同盟會舊人，知其
所感極深也。約陳醫來打針。實之弟來詳談日前中常會之
決議，並商獨立出版社事。洪君勉兄來訪未晤。中午然之
來談滬上宣傳事。一時午餐，餐畢小睡一小時起。閱參訊
七件，作函二緘，校改講詞紀錄一篇。傍晚蔣養春君來談
甚久。八時晚餐，夜致七弟一函、六弟一電。十一時卅分
就寢。

3月19日　星期五　陰　五十度

九時起。盥洗閱報後，潘公弼兄來訪，談國民日報
股東會事。余與之斟酌董監名單，並囑與財、宣兩部商
洽。十一時王文伯君來訪，談國際局勢、我國外交及經濟
局勢穩定之意見。其主旨以實行國父國際開發計劃為前

提，談一小時始去。發寄泉兒一函，又致陳之邁函，附七弟函內寄去。陳君素處長來接洽宣傳款項事。一時午餐，餐畢閱函件及參考消息，覆何學愚弟函（寄來詩文為評閱寄還之）。覆新聞報朱文浦函。小睡一小時起，精神漸佳。檢閱舊稿，準備青年節之文字。夜翁詠霓兄過談社經研究會事。十一時卅分寢。

3 月 20 日　星期六　雨　五十度

九時一刻起。閱函件及參考消息多件。陳醫來打針。十時李唯果兄來談各報社長會議事，並與商洽港報事。擬著手起草文稿。希聖去滬，甚感悵惘。吳兆洪秘書奉詠霓之命來訪。午餐後接閱陳雪屏兄送來之青年節底稿，覆友人函札數件（今日未及午睡）。二時卅分約百閔來談，勸其為紙張事不可與溯中歧趨。今日文化服務社在余寓舉行常董會，適臨時有邀約，乃簽名後託許孝炎兄代為主席。三時十五分應主席召約談話，鼎昌、立夫、厲生在座，商國大代表糾紛事。四時十五分與厲、立冒雨往訪哲生，商談良久，仍無妥善辦法。六時五十分辭出，同至余寓談，亦無善策。八時始得晚餐，八弟來談。九時與立、厲再謁主席。十一時歸，與厲再談。十二時寢。

3 月 21 日　星期日　陰、微雨　五十二度

十時始起。連日疲繁，常恐睡不熟，昨晚服藥過量，真為安眠藥醉倒矣。閱函電及參考件，接佛觀來函，

送來參考稿。十一時張肇元兄來談副總統事，並談候選人
由黨提名之利弊及能否兼任院長之問題。十二時卅分謁委
座報告。下午二時略進午餐（胃不佳，僅食湯餅）。研究
告青年書稿。發寄六弟一函。五時立夫、屬生來訪，談選
舉糾紛解決辦法及法令統一意見。八時與二君請見總裁，
大體決定辦法二項，仍待與友黨協商。九時歸晚餐。十時
往訪岳軍，談至十二時卅分歸。即寢。

3月22日　星期一　陰晴　五十二度

　　昨日談話太多，服藥過少，睡眠太遲，今晨八時卅
分起床以後，倦怠不舒者達二小時以上。因之紀念週與中
政會均未及參加。十時寫寄皋兒一信，又寄西亞、四弟各
一短函。電辭修兄慰問，並詢出國日期。向午約兒來談，
為兒童週刊撰「兒時心影」一短文，寄登兒童節特刊。二
時午餐後小睡，至四時始起。睡中有極複雜之夢境。醒後
閱函件及參考消息，趙君豪兄來談。接岳軍、鐵城電話，
知民、青兩黨對選舉事甚不諒解。五時後起草第五屆青年
節告青年書，至九時卅分完成。十時五十分寢。

3月23日　星期二　晴　五十七度

　　八時十五分起。紅日滿牎，天氣暢晴，精神為之一
爽。蓋自十一日以後，連朝風雨，已十二日於茲矣。早餐
畢，閱昨日撰就之告青年書，交陶副官送呈。旋閱函件七
件及參考資料四件。十一時希聖來談，與之商量：

　　（一）國大開會詞內容；

　　（二）申報主筆部人選；

　　（三）港宣傳人選；

　　談至十二時卅分去。八弟來午餐，餐畢與之談滬上近事及報界雜聞。以天時佳美，遂不午睡。三時五十分偕默往訪九妹伉儷，約之同出遊覽。先至雞鳴寺，後至玄武湖，七時歸寓。唯果、昌煥來詳談。九時往見主席，歸訪亮公不遇。十一時寢。

3月24日　星期三　陰　五十五度

　　八時卅五分起。昨日晴朗，今日又轉為陰沉，意緒不免稍受影響。幸精神尚佳，當係日來針藥之功效也。與鐵公通電話，商港國民日報股東會延期事，得其同意，即函告公弼兄。又致朱騮先、林蔚文各一函。十時往訪亮疇先生，談憲法問題、總統副總統與行政立法院等問題，約一小時半歸寓。馬積祚來京，未暇與談。十二時一刻參加官邸會報，談國大代表資格及解決辦法。一時卅分歸午餐。餐畢閱函件及參考資料。三時小睡，至四時一刻起。接良英函。核閱函稿四件。研究戒嚴法規。五時卅分力子來談，晚餐後八時去。希聖來談。十一時寢。

3月25日　星期四　晴　五十六度

　　七時卅分起。搜集講演資料，擇要摘錄。並研究佛觀、希聖兩君所擬之件。王中惠親翁昨來訪，以事見託，

姑為致函陸東兄商之。十時卅分閱函件及參考資料。十一
時亮疇先生見訪，談憲法與戡亂之關係，約四十分鐘而
去。十二時五十分午餐。餐畢已將二時，略睡即起。覆良
英甥一短函。三時沈昌煥兄來談外交近事及憲政問題，約
一小時。四時五十分後乃得定心工作，起草國民大會開會
日致詞，文思枯拙異常，進行極遲滯，至晚九時卅分草草
寫成，不計工拙矣。與鐵城通電話。十一時寢。

3月26日　星期五　晴　五十九度

　　八時十五分起。校閱開會詞稿，即交陶副官送呈
之。並研究亮公送來之件。九時卅分希聖來談。十時接立
夫電話，到鐵城家談話，知國大代表選舉糾紛極僵，而民
社、青年兩黨亦極不諒解。略談，即至國府參加二十四次
國務會議。孫副主席代為主席，討論充實法幣基金、調整
待遇、發短期庫券等案。劉哲動議，請派大員查永吉撤守
有無委棄民眾情事，會議中決定交國防部。十二時卅分散
會歸寓。一時午餐，餐畢閱函件及參考消息。二時午睡，
三時半醒。即至國民大會報到，領得六六二號證章，五時
手續完畢。立夫、屬生集於我寓，以電話促歸。彼二人大
訴其苦，屬生幾欲病倒矣。傍晚唯果來談。夜八弟來談。
十一時寢。

3月27日　星期六　陰　五十八度

　　七時五十分起。日來接觸現實之環境過於紛雜，各

種困難問題深據於心坎，以致睡眠不適，精神不暢。午前
為轉移腦筋，乃整理宣傳小組之簿冊，核計其用費。十一
時接電話，知國大選舉糾紛仍無解決之道。十二時應約往
官邸，與蔣夫人在花圃中懇談卅分鐘。嗣與吳、陳、張、
李、陶、洪諸君同見主席，商談國大代表退讓問題。一時
諸君先退，主席命余修正告青年書，口授要點，頭緒紛
繁，實不知如何可以勉強納入。二時回寓午餐。六弟來
京，與談約半小時。今日李德鄰君約午餐，竟不及赴也。
三時小睡，心煩不能合眼。六時後勉強著手，艱澀不可名
狀。其間又接芷町電話一次。希聖送來聲明稿，與之研究
修潤，又費去一小時。八時晚餐後，始定心工作，十二時
草草完成。十二時卅分寢。

3 月 28 日　星期日　晴　六十二度

　　七時卅分起。將昨夜寫成之告青年書繕正稿校閱後
送呈。十一時接主席函囑再修改。十一時卅分王雪艇、羅
志希兩君來談，雪艇注意總統副總統之提名問題。並謂行
憲後本黨必須：（一）紀律化；（二）集權化；（三）黨
政一元化；乃能實行國策。約談一小時去。一時午餐畢，
將文告修改送呈。四時奉交下，即送青年部發表。四時一
刻張肇元、俞佐庭來談。五時以風日晴和，偕默出遊郊
外，至中山陵前散步久之而歸。八時赴主席官邸，陪同中
央研究評議員晚餐。餐畢，蔣夫人邀觀電影，十一時歸
寓。十二時就寢。

3月29日　星期一　晴、有風　六十度

六時五十分即醒，以疲甚再睡，至八時五十分始起。遂未及參加靈谷寺之祭禮。九時卅分道藩來談。十時同赴國民大會堂參加第一屆國民大會開幕典禮。出席者一六三九人，蔣主席武裝蒞會，致詞達卅分鐘，全體鼓掌。忽有人請詢，何以不推代表致答詞，此人不解典禮意義，甚可怪。散會後，與聖芬斟酌講演稿。十二時卅分歸寓，九妹及約兒、宜陵來午餐。餐畢敘談甚久。二時就枕小憩即起。接霸兒姪來函。整理書件，傍晚風大，遂不出游。胡世澤來訪。夜九時與鐵、屬、立、蘭四君同謁主席，談國大事。歸與亮公通電話。十二時寢。

3月30日　星期二　晴、夜雨　六十二度

八時起。今日國民大會預備會第一次因事不克出席。九時早餐畢，往訪亮疇先生，談憲法內戒嚴宣告及國家有重大危難時緊急措施之根據問題，商討甚久，兼及副總統競選及本黨提名等問題，談至十時卅分始歸。閱函件及參考資料各件。接皋兒來函。午餐後小睡後，閱小組文件。三時舉行宣傳小組會議，立夫未到以外，餘人均出席。討論四月以後之宣傳對策及宣傳方針。同人發言踴躍，直至七時十分散會。晚餐後九時卅分往訪雪艇，談一小時歸。十一時卅分寢。

3 月 31 日　星期三　上午晴、下午雨　六十四度

　　八時起。天氣轉暖，而余以睡眠不佳，又兼連日接
觸事物無足快慰者，故晨興即感疲倦不舒也。早餐畢，思
量昨夜與雪艇商談關於行憲之意見，並研究如何完滿行憲
而不使政事滯礙之方法。蓋去年制定之憲法，對於中央組
織一章，束縛牽制之意味過濃，曾不計及國家有重大危難
時之運用也。以亮疇先生與雪艇之所見，分別記述，藉備
呈閱。九時三刻出席國民大會第二次預備會議，為增加主
席團名額問題，爭辯甚久，場內之叫囂凌雜，使臨時主席
胡適之頓感窘蹙。如此二千人之大會場，而代表又來自各
地，難怪有此現象也。經兩次表決，乃決定請立法院修改
國大組織法。十一時余先退席，至官邸訪宏濤談話。昌煥
亦來談。十二時一刻舉行宣傳會報，約一小時散會。余又
留談憲法事卅分鐘。二時回寓午餐。餐畢閱文件及函札。
三時小睡，至四時卅分起。屢次以電話詢亮公，均稱不在
寓，致心中欲研究之問題無法請教。晚餐後乃去函約明晨
往訪之。九時到官邸謁主席，屬生、蘭友同晉謁。二君退
後，主席與余商時局及自身對新政府任職之考量，純忠遠
識，令人無限景仰，談約一小時歸寓。十一時就寢。

4月1日　星期四　晴　六十五度

　　八時十五分起。晴光照耀，氣候和煦，精神為之一爽。惟咳嗽之患，未痊癒耳。九時亮疇先生過談，關於戡亂期間臨時行憲條款事，仍請其再加斟酌。十時出席國府臨時國務會議，通過修改國大組織法第五條，增加主席團人數，交立法院討論決定。此案係國民大會籌備委員會根據預備會議決議送請國府督辦者，而徐傅霖君則嚴斥其非法，謂預備會僅屬談話會一類之性質，國民大會尚未正式開會，不能以函達國府。旋經雲五、柳忱解釋係主席交議案，乃獲通過。十一時偕季陶往考試院院長官邸，余與之談商總統問題。季陶之見解乃與蔣公所見不同，殊令余感覺奇異。傾述所見，彼終堅持。細思所慮者亦殊有理，特太拘泥耳。語云成見難移，其信然矣。一時回寓，一時卅分午餐畢，實覺疲甚，小睡一小時餘起。往西華巷訪稚公，適外出開會，乃往見介公，報告與季陶談話情形。介公仍命往見稚老懇談，不意稚老乃贊成蔣公之所見。仍至官邸略談，再訪季陶，彼始終固執己見，談至六時餘歸。七時應哲生約晚餐，宴民、青兩黨。席間主人致詞，余家菊、徐傅霖致詞，十時歸。十二時寢。

4月2日　星期五　晴暖、夜雷雨　六十四度

　　八時十分起。昨夜思量國事，用心太久，致睡眠稍遜。早餐後延陳廣煜君來注射針劑。九時赴國民大會，出席第四次預備會議，到代表一千六百人，于斌主教主席。

討論主席團產生方法，發言者甚多而雜，至十一時仍無結論。乃先退席歸寓。閱函件及參考資料，並處理小組文件。一時午餐畢，不及午睡。二時出席中政會臨時會，聽取何敬之將軍對聯合國軍事參謀團之報告。四時與希聖同謁主席，承口授要旨，命準備對全會演詞。六時辭歸。吳鑄人兄來訪。旋唯果來談。孟海來談。十二時寢。

4月3日　星期六　晴　六十四度

七時起。委座對總統決定不應選，此事甚屬英明，並勸軍人不競選正副總統，擬向全會致詞，囑預擬講詞。覺希聖初稿尚有不甚婉曲顯豁者，早餐後即為修改重寫。乃屬稿未畢，而力子先生來談，輟筆者一小時。客去後，定心再寫，頗費斟酌，至一時卅分始完稿。其間亮公來訪，鐵公來談，均未及接見也。二時卅分草草就睡，以神經緊張，未獲休息。四時卅分再往見委座，核定講詞稿交下，並囑分訪孫、于兩院長。歸寓後接樂兒、憐兒來函。七時往見哲生先生，談總選問題。彼頗驚愕，但不顯示反對。九時往見右任先生，則謂委座不出任總統絕對不可。九時卅分到官邸，與鐵、立同見，談至十一時，又往訪岳軍。一時歸寢。

4月4日　星期日　晴　六十五度

七時卅分起。今日為兒童節，晨起享受陽光半小時，精神尚怡暢，仍約陳醫注射針劑。九時十五分委座約

往談話，詢昨夜有何所聞，蓋右任、哲生、德隣、頌雲競
爭副總統各不相下也。余以與岳軍談話要略陳述。委座謂
余將不表示，意昨擬之講稿或將不發。九時卅分辭出，即
至中央黨部，在總裁室約諸長老會談。委座最後宣稱，副
總統問題，以選舉在邇，各人競選運動已展開，則黨在此
時不宜作決定。十時開臨時全體會議，到執監委員三百
人，總裁主席，討論總統副總統候選人問題。各人發言異
常熱烈，咸主總統非蔣公莫屬，副總統則本黨此屆可不作
決定。十一時卅分休息十五分後再討論委座乃以極懇切之
語調宣布其決策，主張第一屆總統推薦一黨外人士來擔
任，彼自身決不放棄戡亂建國之天職。總統副總統外，任
何職位均不推辭。仍宣讀預擬之講稿，而副總統問題則要
求大家公決。但總統問題請國人均接受其主張。在場委員
聞者均感突然，續有發言者，至一時散會。下午續開會，
歸寓午餐後，閱本日文件，奉命往訪吳稚公。三時五十分
到會場，與稚公略談。午後之會，發言者十餘人，只稚公
一文，以為總統屬之他人並不關重要，而要點在使領袖能
專心致志於實際有效之事務。其餘諸人，均認為蔣公不膺
選總統，將影響時局，亦絕不可能通過（惟羅文謨君發言
切近實際，能見其大）。直至六時卅分，委座再申述其主
張，謂諸人所言均只就名位研究，而未針對其所提出之
政策有所理解。最後決議，總統問題交明日中常會再研
究。八時散會歸。五妹自滬來，夜談話一小時後，十一
時就寢。

4月5日　星期一　晴　六十八度

八時起。九時接委座電話，去官邸謁談。委座方進早餐，詢問昨夜有無商談，余以考慮結果，改推黨外人為第一屆總統候選人，在國民大會中實毫無把握，如就黨內耆賢中另推一人（例如王亮疇先生），則其他長老之已公開競選者，如居覺生先生之類，又何以處之。談至此，岳軍亦來見，報告青年黨方面由曾慕韓正式代表該黨，聲明必請蔣主席擔任總統，以濟國難，其他非所願聞。委座聞之亦極動容。繼而研究在不修改憲法之原則下，如何安定政局，推進戡亂工作，免誤事機之辦法。十時十分辭出，至中央黨部參加談話會。到五院院長、鄒海濱、王亮疇、白健生諸人，商談甚久。至一時始散。歸寓草草進餐，小睡僅二十分鐘即起。代鐵城擬報告一件。三時四十分參加常務委員談話會，研究本黨應否推薦總統候選人問題。發言者二十一人，主張總裁不作總統者僅六人，討論約五小時，始通過研究報告，並推定亮疇、哲生、覺生、君佩、懷九、岳軍、雪艇及余八人研究法制問題。八時歸寓晚餐。唯果及八弟來同餐。食薺菜炒年糕，極甘美。飯後乃建兄來訪，與唯果及余三人研究今後黨的改進，十時卅分始去。十二時寢。

4月6日　星期二　晴　七十三度

七時十五分起。覆七弟函，致四弟函，又致外次葉公超兄函。約陳醫來打針。今日天時驟熱，可御夾衣，不

覺涼矣。九時偕君章赴國民大會堂參加第一次正式會議，
由于先生主席。十時奉電話約，召往官邸，見主席，在花
園池沼前坐談卅分鐘。對昨日中央常務委員集會情形詳為
報告，主席之意，以為常務委員雖決議仍請總裁為總統候
選人，然如本黨對副總統候選人依照四日決議，不由黨決
定，則總統之候選人亦應與副總統一律辦理，不可有所分
別。十時卅五分談畢辭出回寓。閱函札及參考資料，將浙
省已報到代表摘要另冊，以備查考。計六十五縣中相識者
不及十分之二也。十二時卅分午餐畢，唯果攜委座指示三
點來談，謂希望臨全會接納作成決議，即送吳秘書長。二
時小睡卅分起，三時沈成章先生來訪。三時卅分赴中央黨
部，出席臨全會第二次會議，首決定採納常會研究報告，
旋經三小時餘之熱烈討論，與詳細說明，又議決遵總裁指
示，本屆選舉對總統副總統均不由黨決定正式候選人，
至下屆則須經全國代表大會產生。七時卅分散會。夜九
時卅分到官邸會談一小時餘。往立夫家坐談一小時歸。
十二時寢。

4月7日　星期三　晴　七十八度

　　七時卅分起。追繹委座昨日之談話，知其對中樞散
漫情形甚關懷念，然積習相沿，遺因已久，蓋在第四次代
表大會時始矣。今日欲圖補救，確非重振綱紀不可。此決
非另起爐灶之謂，實應痛下決心，由中樞諸人衷心懺悔，
改革制度，改革作風，刷新人事，多用少壯幹部。而任用

幹部，則以公誠與能力為第一標準，如此一新耳目，庶克
有濟。今日領袖不能再客氣姑息，黨員不能再諉過塞責了
事，非一新耳目，不足以使本黨存在，以號召國人。然環
顧黨中能自反自訟者寥若晨星，新幹部亦未作適當之培
養，念之殊為憂心悄悄也。八時五十分應約往官邸謁談，
面示兩事，囑國民大會應迅速完結其程序。又指示擬向國
大作政治總報告之內容，隨聽隨記，手為之痛。十時出官
邸，到國民大會堂出席第二次正式會，谷正綱主席，仍討
論議事規則。十一時卅分休息，與鐵城等談話，並為蘭友
核改電文四件，十二時先歸。場中正熱烈辯論也。回寓與
立夫通電話，一時亮疇先生來談會議進行問題，臨時條款
問題，副總統問題，約一小時而去。小睡未熟，幸精神尚
佳。閱函札，即處理之，並閱參考資料。昌煥送來一件，
寄六弟採登之。四時五十分約聖芬來，囑其準備政治總報
告。口授全文要旨，約兩小時始畢。學素來談。八時到勵
志社，委座宴全體幹事。餐畢至官邸會談，十時始畢。厲
生來長談。十二時就寢。

4月8日　星期四　晴　八十度　理髮

　　七時十五分起。連日晨醒特早，實則睡眠未足，幸
精神尚可支持，當係此一月中注射ORETON針劑已生效
也。久不理髮，八時呼匠來為修剪之，兩鬢爽然，為之一
快。然工價乃達十六萬元以上，可謂駭人。詢其所以，則
謂到店理髮，須八萬三千元，出外乃倍之耳。仍請陳醫來

打針。聖芬送來講演詞摘要稿，為核閱修改，於十時交陶
副官送呈。國大今日第三次會議，仍討論議事規則，覺諸
代表不免感情用事，無意前往參加，遂請假不赴會。閱參
考資料多件，將陳之邁君來函摘呈委座閱覽，又為馬法五
君請擴增津警備部經費事致俞濟時兄一函。十二時與鐵城
通電話，知會場情形一斑。赴于先生之約，到國際聯歡
社。二時午餐後，天氣悶熱，小睡不能成眠，讀近人詩自
遣。今日下午國大仍接續開會，余以疲繁，仍未出席。四
時到中央黨部，與覺公、亮公、君佩、懷九、雪艇諸人研
究戡亂時期適應機宜之臨時條款。雪艇提出新案，經共同
商酌，寫成初稿，六時十五分散會歸寓。閱晚報，並聽取
君章關於下午開會情形之報告。知議事規則仍未議完。晚
餐後，八時十分赴國際聯歡社，參加浙同鄉林蔚文、周至
柔諸君之雞尾酒會。九時與鐵城、厲生同謁委座會談，至
十時卅分歸，十一十半就寢。

4月9日　星期五　雨　六十四度

七時十五分起。覆陳之邁君函。研究行憲後司法院
組織問題。九時亮公來訪，談臨時條款事。九時卅分同去
國民大會堂，出席第四次會議。十時蔣主席蒞會，做政治
總報告，對軍事、經濟作具體翔實之指示。十一時卅五分
講演完畢，請示發表原則後，與功權、祖德談話。十二時
十分歸寓，閱參考資料及各方函件。核定去信稿四件。一
時午餐，接委座電話，對總報告發表之稿有所增加，大抵

為強調民族精神力之重要，勉勵大會代表要秉持民族大
義，勿使失墜，並指明共匪決不能成功之至理，即以電話
轉知聖芬，囑其於整理時加入。二時卅分小睡，至四時
起。委座續來電話約十次，對講演詞軍事部分有補充增加
者甚多，雖以為不必要，不得不勉遵其意，蓋名從主人，
究竟係以彼之名義而發表者也。今日大會及中幹會報遂不
及出席。與唯果、岳軍、雪艇談話。五時後聖芬攜整理後
之講稿來寓，仍照預擬綱要，不符上午所講之次序，決不
能用，乃為細心核改，又須塞入補充各點，至八時五十分
始完成。即交八弟攜去。王雲沛君來談浙保安處事，約
二十分鐘。九時卅分始進晚餐。黨部設計會及官邸會報均
未能親往。乃建來談選舉事。十一時卅分就寢。

4月10日　星期六　晴　六十二度

昨夜風雨交加，氣溫驟降，今晨七時十五分起。天
日晴麗，精神至為怡爽。致七弟海外一函，附寄陳之邁君
一函。為本邑邑宰更換事，致沈主席一電，請其速催新任
呂伯權到任，因程清舫延遲不願交接，邑人已醞釀不利於
呂之運動也。清舫文采、政事均佳，惜其到任三年專做表
面工作，四面敷衍，又見吾邑民情醇樸，以為不妨苟安，
久之惰習漸生，任用僚屬又極寬濫，永康人來吾邑者聞有
數十人之多，即此可見。紳權太重，固足害事，而民情純
良，亦失去監督作用，致良吏變為庸吏。新任呂君學識本
極平常，徒以治安第一，非有膽魄能任事者不足以保障鄉

村安寧，故省方選擇及之，亦一時權宜之舉也。九時卅分
到官邸謁委座，談湘人對選舉之意見，旋即退出。至國府
醫務所打針。今日國大五次會未出席，聞秩序甚亂。向午
接細兒函，即覆之。又接讀四弟來函。閱參訊，知北平、
成都均有學潮，與陳雪屏君商平靖之策。小睡至三時五十
分起。大會及國府法制審委會均請假未出席（致季陶函，
為述庭介紹職務）。四時十分偕默驅車出中山門，至孝陵
看櫻花，已大半殘落，存者十餘枝，仍極鮮麗。旋由山徑
步行至中山陵，曝日久之，殊有益處。六時五十分歸，力
子來談。夜九時到官邸會談立法院事。十時三刻歸。十一
時寢。

4月11日　星期日　陰　六十一度

　　六時五十分醒，七時十分起。作函致呂伯權縣長，
勗以為政緝盜之要則，寄黎叔一函轉交之。呂君在民國
十八年時以在義烏勇於捕盜，格斃巨奸胡樟好，為張靜江
先生所賞識，先伯兄亦盛稱其能。嗣任慈谿警察局，亦尚
勤廉自愛，以慈邑惇樸，遂卜居於慈城。最近署東陽縣
長，省府以我邑多匪患，調之長慈谿。其人學識無多，故
函誡之，恐其年事已長，工於敷衍也。閱報載，北平及上
海學潮消息，深為青年痛之。九時卅分到北平路謁亮公，
談憲法問題，約一小時。旋至鬥雞閘訪何敬之團長，未
晤，留刺而歸。張明煒君來訪，託其攜去國幣五百萬元，
並致樂兒一函，併託轉致。十二時十五分到官邸陪宴各大

學校長，與伯苓先生談話。餐畢謁委座，談副總統競選
事。二時卅分歸，三時召開宣傳小組臨時會議，立夫請
假，餘均出席，並約博生、田伯蒼次長參加，交換關於共
匪策動學潮之消息，討論至六時散會。道藩留談卅分鐘。
希聖又談卅分鐘。覆六弟一函。七時晚餐。七時卅分往訪
岳軍，談修改憲法、副總統選舉問題，並請其增加教費。
九時卅分歸寓，閱報休息。十時卅分立夫來談，十一時卅
分去。即就寢。

4月12日　星期一　晴　六十九度

七時十分起。作函二緘。八時到國防部大禮堂出席
擴大紀念週，到本黨國大代表約一千人。總裁主持行禮，
並發表極剴切之演詞，勗勉黨員：「注重黨德，遵守黨
紀，決不可以私害公，亦不可對外自損黨的信譽。現值非
常時期，應知國恥叢疊，國難嚴重，切不可議論紛紜，使
大會曠日持久，遷延時日。要知拖延大會日期，使吾人不
能專心努力於戡亂，正為共產黨所求之不得者。至於憲法
未始不可修改，然此次以不修改為宜，即或顧及戡亂時期
之臨時需要，亦應以其他方法求變通之道。關於擴大國民
大會職權及設置常設委員會，萬不可行。至戡亂完畢時，
自可召集第二次大會。」訓話歷九十餘分鐘始畢。余逕回
寓所，閱參考件及函札。十一時有立委提出候選人七人：
陳長蘅、包德明、王化民、蘇景泉、梁賢達、馮兆異、連
六祥來訪，堅決表示不退讓。與候補人談四十分鐘辭出。

亮疇先生來談。十二時同至官邸午餐。岳軍、立夫、鐵城、雪艇同餐，商酌臨時條款事。二時餐畢歸寓，整理提案文交繕寫。小睡沉酣而有惡夢，蓋疲勞之反應也。傍晚接驪先電話，述北平學潮事。七時卅分八弟來晚餐。夜閱立委當選人名單。九時赴官邸會談，蔣夫人亦參加。十時五十分歸。十二時寢。

4月13日　星期二　雨　六十二度

七時卅分起。天時陰雨潮濕，氣溫驟然低降，筋骨酸痛又作，甚感不舒。請陳醫來打針後，九時卅分知臨時條款已獲初步結果，即往官邸，以書面呈閱。出席大會，見各代表爭競發言，不管議事程序，雖時局緊張，情有可原，但主席制止無效，實為代表等毫無議會經驗以至於此也。俞部長報告財政，屢被喧囂聲所阻止，殊為難堪。此非代表不尊重他人，實乃代表不尊重自身人格耳。貽譏中外，又何怪焉。十一時不耐久坐，與君章先歸。約兒來談。到上乘菴參加午餐，對本黨幹事說明臨時條款之疑義。二時歸。核閱文件及參考消息後，三時許甫午睡，適主席電約，即赴官邸，面告中午幹事會情形。承諭：最好加提王亮疇先生為總統候選人，且謂必須努力一試。時日迫促，乃至陳立夫兄處面商辦法。先至其寓，未遇，嗣到組織部，與之面談，殊覺無以為計，即辭出。赴國大會場訪蘭友晤談，並知已提名者二一一○人，均提蔣先生。與君章、厚莆、壽賢檢對各單位，僅蘇、皖、晉、魯、閩未

送來。七時卅分自大會歸。九時到官邸會談。委座對會場兩日來情形甚表憤慨，有責備黨團之語，賴蔣夫人從容解釋，稍平怒氣。十時回寓，與正綱、君山、鐵城、立夫、厲生、蘭友、道藩、唯果、彥棻等會談甚久，對改提亮老事意見紛歧，直至一時始散。今日真疲繁極矣。一時五十分服藥就寢。

4 月 14 日　星期三　陰、微雨　六十四度

八時十五分起（昨晚睡眠時間最長）。匆匆盥洗畢，思考總統候選人問題，以全場代表提名者已達二二〇〇人以上，均提蔣先生，似不必再提他人（因蔣先生有謙退之意，擬提王寵惠先生）。九時擬往謁陳述，知在國民大會，遂於九時卅分赴大會，出席第八次會議。到長官旁聽席上，以諸同志之意面告蔣先生，得其諒解，乃囑諸人將推提亮疇先生之舉作罷。旋回至代表席，聽取外交、內政兩部報告。十一時休息，乃先回寓。閱參考文件，對北平學潮非常繫念。亮疇先生來談明日憲法案臨時條款案上議程時之準備。十二時卅分到官邸參加宣傳會報，陳述兩點意見。一時卅分至昌煥室中擬電稿一件，致陳武鳴、何市長。與昌煥談話後，即歸寓午餐，已二時十五分矣。疲甚小睡，至四時許始起。陳雪屏君來談明日赴北平，託寄樂兒一函。六時半到上乘庵招待所出席第二會議室之憲草小組，討論修憲問題，亮公主席，八時卅分散會。即至官邸，參加九時之會報。與君山、正綱、彥棻等商酌明日關

於憲法之議程。委座略有指示，十一時始歸寓。芷町來談
于先生為競選副總統事之感想，又談彼自身工作事。一時
十分就寢。

4月15日　星期四　陰　六十二度

七時五十分起。研究修改憲法之提案，均覺無甚價
值。九時與君章同車赴大會，先至主席團辦公室簽署提名
總統候選人於浙江省之冊上。九時十分開會，何雪竹先生
主席，出席代表二〇三九人，逾總額三分之二。報告昨日
會議紀錄後，將開始討論，突有人提出不必要之詢問，對
主席團毫無禮貌，此等粗魯無知之徒，殊令人憎厭也。旋
按照議程次第討論修憲案、張知本案，以說明有力，博得
掌聲不少。莫德惠案連署人最多，而掌聲反見稀疏，會場
心理殊不可解。休息十分鐘後，繼續宣讀並討論高巍案，
至省縣議會加職業代表；劉維熾案，主變通華僑選舉辦
法；溥儒案，主加入滿族字樣；孫繩武案，主改稱內地回
民；均經過一讀付審查。上午會場進行順利，惜有一女代
表（青年黨）發言為喧嚷聲所阻，殊不民主耳。十二時卅
分歸，閱參考文件及函件，致吳任滄一函。午餐後陳凌雲
來談于先生競選事。二時卅分始得午睡，然惝恍不能入
眠，且胃部不舒，食醬瓜始稍瘥，為主席有電話，遂披衣
起，實未睡足也。四時卅分六弟來談，晚餐後始去。八時
到官邸晚餐，到知本、尚寬、佛性、亮、雪、力、蘭等諸
人，與岳軍、禮卿通電話，商洽明日審查會事。今日有一

東北籍代表悲憤自殺，聞者均極同情。十時卅分歸寓。致立夫一函。十一時卅分寢。

4月16日　星期五　上午陰、下午晴　六十三度

七時十五分起。盥洗早餐畢，約佛性來談，與之偕往國民大會堂，出席第一審查委員會，審查憲法應否修改問題。八時二十分先在主席團會議室開召集人談話會，到張懷九、張子柱、鍾亞民、林紫貴、商伯平、張映書、林彬、羅文謨諸人，商定議事進行程序。公推張懷九主席，甫告開會，即有人搗亂，大呼提案人不宜當主席，應即迴避，而主張修憲者則又叫囂反對。即與各召集人會商，仍堅持以張懷九主席，而以張子柱（青）、鍾亞民輔佐之。時已十時十分，始開始討論。青年黨多主不宜修憲，而本黨黨員之識見固陋者則力主修改二十七、二十九條，意在擴大國大職權，呶呶不已，達十二時乃散會。與召集人會商，推定下午以張映書女士主席。一時到勵志社午餐，亮疇先生主席，到黨員約三百人，諸人推余說明總裁意旨，詎諸人紛紛發言，力持異議，甚至謂假傳意旨，不能聽信。余對此種卑鄙之人，實羞與為伍，不禁厲聲斥責其非，謂請審查陳某之歷史，汝等如此不受黨的命令，口稱服從總裁，無異自喪人格。諸人力勸余息怒。三時再至大會，仍繼續審查。擬提出臨時國民大會案及臨時條款案，先付表決，詎橫遭反對。張女士主席，從容鎮靜，力維秩序，乃黨員不自愛者仍破壞約束。正綱發言，亦無效。六

時竟哄然而散會，乃提出辭召集人職務，仍商談至七時卅分歸寓晚餐。餐畢，九時到官邸，與青年黨諸人會談，又參加會報，十一時歸。十二時寢。

4月17日　星期六　晴　六十六度

七時三刻起。今日為國民大會開會以來最緊張紊亂的一天，亦為余最感痛苦悲憤的一天。上午九時請陳醫打針後，即赴國民大會堂，出席十一次大會，至主席團懇切說明辭去第一組召集人之苦衷，旋多數召集人如懷九、文謨、映書、紫貴、伯平、佛性等亦均表示辭職，原因為九時大會中群眾堅持己見，轉而責備召集人，與昨日主席處理之不當。經適之、雪艇代表主席團慰留，至十時卅分經商洽後，推定羅文謨主席，接開審查會。多數代表仍堅持必須將國大職權擴大案表決，紛紛發言。到十二時許，余先離席歸寓。以電話告聖芬作紀錄發表之準備。草草食午飯畢，二時到國防部大禮堂，出席總裁邀約之談話會，經黨員五、六人表示意見後，總裁剴切訓示：

（一）此屆不修憲；

（二）應明定臨時會期；

（三）為完成戡亂必須有臨時條款。

三時十五分到大會場再開第一審查會，由一樵、公展提出折衷案，將下屆臨時會期納入臨時條款內。會中頑固無理之群眾忽起叫囂，秩序混亂已極，然民、青兩黨反而顯得鎮定。五時五十分蔣公蒞會場，六時卅分以潘案作

成審查報告，提付表決。在場二七八人，以一九二人多數
通過。散會後，蔣公以代表身份致詞，語極沉痛。在主席
室與蘭友同進見，商善後，並與蘭友談至八時始歸。夜與
希聖、佛性通電話，發出通函十九件。九時五十分到官
邸，與蘭友同見主席，談卅分鐘。十一時回寓，為蔣夫人
改演講稿，至一時卅分就寢。

4 月 18 日　星期日　晴　六十八度

　　六時即醒，六時三十分起。睡眠實感不足，然清晨
早醒已定習慣，而晚間不能早睡，則事務紛繁之過。為蔣
夫人再修潤講演稿畢，並擬發代電一則。又通電各省市黨
部及政府絕對不可對行憲開始有發動民眾鋪張慶祝之舉
動。此事係日前面陳照辦者。蓋國難嚴重，民生困苦如
此，雖行憲大典，亦不得不從簡儉。而官吏與黨部人員知
此義者甚尠，恐逢迎成習，轉滋譏笑，故不得不有此誥誡
耳。又簽呈二件，一併繕呈。八時五十分到大會堂，先接
洽審查報告之說明人，然後就席。九時卅分主席蒞場介紹
朱某周某入見。九時卅五分開會，由張映書女士代表第一
組報告審查經過，羅文謨、王世杰相繼說明，但反對臨時
條款及堅持修憲者仍紛紛表示異議，且多屬黨員，殊為本
黨差之。幸于斌主席處理有方，得以交付二讀會。休息十
分鐘，江學珠女士來談辦學艱苦情形，甚為同情。十時
五十分接開二讀會，仍有壞亂曲解之人，卒以一七〇〇票
通過：

（一）臨時條款；

（二）卅九年十二月二十五以前開國大臨時會。

旋又接開三讀會足法數通過，鼓掌散會。與大會秘書略談後歸寓午餐。餐畢，閱參考件及函件，修改上星期一中央紀念週講演紀錄。二時卅分小睡，頭暈胃漲，食鹹瓜始癒，今日中常會臨時會決計請假。四時與允默出游靈谷寺，遇陳荇蓀夫婦，邀與坐談。久之。旋入寺賞牡丹，已怒放矣。遇余紹宋、戴銘禮兩君，略談而別。偕默啜茗游譚茶陵墓，流連至六時五十分歸。晚餐後閱報，乃建伉儷來談。九時到官邸，會談解決國大簽署代表等問題，並及副總統選舉事。夫人贈余紙煙。十一時卅分歸。十二時寢。

4月19日　星期一　晴　七十五度

七時卅分起。為人題字三幅。八時卅分到國民大會，約集第一組召集人，商洽明日審查進行事宜。據秘書董世芳說明，約有一百七十餘案，殊覺頭緒紛繁，難於處理。與羅文謨、林佛性、鍾亞民、張子柱略談後，約下午再商。九時卅分舉行大會，出席者二千六百餘人，為開會來第一次人數最多之會。由周惺甫任主席，秘書長說明選舉總統進行辦法及注意事項，並配置監票員訖，即進行投票。為選舉便利起見，分設六個票匭，寫票處隔以帳幕，布置殊屬週到。余投居正先生一票，退至東廊下簽名留念。到休息室啜茶，與岳軍、適之、騮先談話。岳軍告我

以副總統競選之形勢。又與左舜生、賈煜如、賀貴嚴開談，十二時先歸午餐。餐畢閱文件，旋得電話，知介公以二四三〇票當選為總統。一時卅分小睡片刻，三時再赴國民大會，舉行第一組召集人會談，審聽議案分類。推定富伯平、林紫貴明日擔任主席。討論至六時歸寓。接皋兒函，知四月十四日又舉一女。又接綽兒來函。九妹自杭州歸，來余寓晚餐。夜閱議案，並略加研究。九時送九妹歸其家，余即赴官邸參加會談，直至十一時始歸。在官邸曾與宏濤略談。十一時卅分與岳軍通電話。十二時就寢。

4 月 20 日　星期二　微雨　七十一度

七時即起。閱提案二十件，寫寄江學珠君一函。八時到國民大會堂，秘書處職員均未起身也。八時廿分舉行第一審查會召集人第三次會議，將各秘書整理歸類擬辦之各案傳閱，佛性、文謨、伯平、紫貴諸君均極努力，張懷九先生亦極負責，經精詳之討論，至九時四十分審查委員始足法數。林紫貴主席，舉行審查會，代表中多注重于常設機構與本身待遇，召集人則按：

（一）國大本身；

（二）憲法；

（三）行政；

（四）司法考試；

（五）地方自治；

及（六）其他各類報告要旨。

余於十一時卅分離會歸寓。閱函件及參考資料。
十二時卅分到官邸午餐。到亮疇、懷九、君佩、冠生諸
人，研究副總統是否可兼立法院長問題，僉以為不可得
兼。餐畢略談他事，已二時十五分。即赴國民大會堂，再
開召集人談話會。下午推富伯平君主席，本擬分類討論，
詎有不明事理之代表八、九人，堅持先議國大臨委會問
題，囂擾約卅分鐘，始入本題。其貪、其愚、其鄙洵令人
嘆息而羞與為伍也。四時卅分離會到官邸，與新之、月笙
兩君同見蔣公，談申、新兩報事，並及滬上情形。五時十
分辭出，到鼓樓五條巷杜月笙君處敘談，至六時五十分
歸寓。以電話詢會場，知審查猶未竣事也。七時食黑飯糯
糍，甚甘美。八時卅分晚餐畢，閱晚報，九時到官邸會
談。先與夫人之秘書陳女士略談，旋見蔣公，商洽選舉問
題，交換意見。十一時歸，覆皋兒信。十二時寢。

4月21日　星期三　晴　七十五度

七時十分起。此四星期來，一面接洽周旋，又須考
慮行憲後各種大問題，而每夜九時則必到官邸會談，往往
十一時後始歸，歸來又須準備明日之日程，然弱軀竟能撐
持過去，則以時會艱難，動於義務觀念，不得不強勉以赴
之。但今日則真疲累不支矣。四弟今晨自杭來京。八時到
大會堂主席團休息室，於第一審查組，召集人全體核閱昨
日審查結果，逐案傳閱，不暇詳為推敲，至九時始畢事。
參加大會，討論第二、第三審委會報告，均無異議通過。

旋主席團約列席，主席團對常設機構，認為考核、督導於法無據，推潘公展、薛子良、左舜生等再審擬，十一時卅分歸。往訪亮公，談大法官問題，請其轉勸哲生先生能否捨棄副總統而就立法院，亮公允轉詢，十二時歸。午餐後，閱文件畢，忽覺頭暈，而小睡不能成眠，徬徨轉輾，甚感痛苦。延陳醫來打針。三時卅分到大會堂參加公展主持之談話會，已有初步結果，然恐大會時不免一番紛擾也。與實之等略談，五時卅分歸寓。允默適外出訪友，余就床小睡，頭暈骨痛，而胃部欲嘔，思慮繁雜，開收音機聽平劇。六時卅分亮公來談，乃知鐵城欲自做立法院長，轉述委座意旨，未盡詳實。此君真糊塗之極矣。七時卅分客去，毓麟夫人來同晚餐。餐畢，八時卅分先至官邸，報告從亮公處所聞之種種。委座只有嘆息。旋命往訪岳軍，囑其出任行憲後之行政院長，往訪未晤，廢然而歸。歸後岳軍夫婦乃過余寓，備述困難，表示堅決辭謝之意，十一時始去。十二時就寢。

4月22日　星期四　晴　七十四度

六時五十分即起。昨晚睡眠尚酣，惜仍早醒也。晨餐畢，致岳軍一信，懇切勸其勿存堅決引退之心，現時各部門人事均難安排，如再以行政院問題強蔣公另覓他人，則我等亦太不忍矣。又致蔣夫人一函，商總統就職廣播詞之準備。八時卅分唯果來談。旋道藩來談選舉事。今日九時國民大會討論經濟、文化等各提案審查報告，余以國府

有會，未能出席也。接蘭友電話，知昨晚主席團會議無結
果。九時卅分力子來談解決國代糾紛事。十時到國府出席
第三次臨時會議，決議：

（一）國大選舉補充辦法，

（二）立委選舉補充辦法，

（三）戡亂建國動員會組織條例。

因討論時各人發言踴躍，至一時始散會。歸寓午餐
後，接介公電話約談，囑再訪岳軍，勸其暫時不可回川。
余意以為介公實太過慮。岳軍何至不負責任至此，無非表
示求去心切而已。二時歸寓，閱參考資料一件，疲極不能
支持，服安眠藥一片，小睡至三時三刻起。續閱函件畢，
四時出席國民大會十五次會議，晤開先、振吾，略與談話
即入座開會。胡靖安君主席，討論第一組各提案、第五組
各提案，均順利通過。及討論至第一組審查報告第七號，
即設置機構時，乃呈緊張狀態。劉家樹等發言贊成設置，
胡瑛及王某（寧波人）表示反對，旋又有二人力主非設置
不可。時場中不到六百人，主席不擬延長時間，並宣告人
數不足，乃對方忽起誤會，紛紛上台質問者五、六十人。
中有張某，擬毆打主席，為新聞記者所阻，因而衝突。余
在樓上，聞軍人在後呼打，厲聲斥之，彼亦無言下樓。遇
十餘人正在聚議，有某代表來報告，謂會場幹事打人。
余窮詰再四，始無言而去。七時往訪岳軍未遇，後以電
話與之談。夜致明兒一信。參加官邸會談，十一時歸。
十二時寢。

4月23日　星期五　陰　六十七度

　　七時卅分起。天氣轉陰，溫度低降，此所謂乍暖乍寒時節也。晨起精神較昨日稍佳，致唯果、少谷、適之、昌煥各一函，對總統就職宣言之起草，徵詢其意見。又致滬上某友人一函。九時約陳醫來打針後，即至國民大會堂出席副總統選舉會，與浙代表十餘人談話。閱救國日報其言論失態已極，為多數代表所不滿，以吾國舊道德應為不咎既往，而彼報對若干人則揭發過去之短，甚無謂也。十時十分開始投票，今日戴傳賢主席。投票次序由後排起，余座在樓上前排，至十一時十分始完畢。投票舉孫哲生一票。遂先歸寓。閱參考件及報告函札等多件。午餐後二時，知投票結果：李七五四票、孫五五九票、程五二二票，為前三名；于四九三票、莫二一八票、徐傅霖二一四票，落選。二時卅分小睡，三時五十分起。五妹等已動身返滬矣。約兒來談一刻鐘。四時十分送之回報館。即出席農民銀行董事會，五時散會，與果夫略談歸。與陳啟天、張道藩諸人通電話。希聖、立夫、乃建先後來談。與介公通電話後，到天山路一三四號訪陳啟天，客座陳設殊富麗，不同於重慶鄉郊寄寓時矣。八時十五分與陳君談畢，出席浙江代表談話會，交換本省治安問題之意見。王雲沛、蔣鼎文均各致詞，余亦有所陳述。九時五十分中途退席，往官邸參加會談。諸人已散，單獨入見，談二十分鐘。見介公憂形於色，以大局出入所關甚鉅也。十時歸寓始進晚餐。十一時卅分賀君山、鄧文儀來訪，談二十分鐘

去。十二時卅分始就寢。

4月24日　星期六　晴、下午陰、夜微雨　六十四度

　　六時卅分起。自二十二日略感傷風，幸尚不劇咳，
只是鼻塞喉微痛耳。七時應約往官邸會談。吳禮卿先生亦
參加。對於民、青兩黨就選舉問題之遲迴不定，甚感驚
訝。出席諸人僉以為中樞政局需安定，哲生先生已表示決
不再就立委，則應使彼膺選為副總統。會談至八時散，歸
寓小憩。希聖來談，九時到國民大會堂出席副總統選舉會
第二次會議，余對浙籍張羅互鬥及朱惠清運動，忽有悲痛
之感覺，與陸東兄談話不免言之過于激切。今日大會由張
希文女士主席，到會者二七四五人，余投票畢，與浙代表
在會場門首合攝一影即歸寓（時為十時五十分）。旋於
收音器中聽廣播，知選舉結果，李宗仁一一六三、孫科
九四五、程潛六一六。午餐畢，二時又奉約往官邸會餐。
三時十分歸，閱參考文件，小睡至四時卅分起。井塘來談
甚久。江學珠女士來訪，與允默同見之。亮疇先生來談卅
分鐘。昌煥兄來訪，未及與之詳談也。力子伉儷來訪，於
樓上客室延見之，談于先生落選事，兼及國民大會及立法
院諸事。八時客去，晚餐。九時到官邸，與經國兄等談
話，繼參加會談。蘭友、岳軍亦均來談話，聞程頌公已聲
明放棄選票。兩湖同鄉有請明日休息者。十二時卅分歸
寓。一時就寢。

4月25日　星期日　晴　六十四度

七時卅分起。八時卅分奉約至官邸參加會談，以李德鄰輕信謠言，忽於今晨三時聲明放棄競選，致國民大會又突起波瀾。總裁邀約諸人商談選舉進行之方針，除經常參加諸人外，並約張岳軍院長參加。僉以如此形勢，李、程均已放棄，選舉殊難進行。復約請孫院長商討，孫亦主張放棄競選。並以三人均為本黨同志，決定下午開中常會討論。孫之放棄書囑託余及蘭友起草，退至鄰室研究要點後，請蘭友先草初稿，十二時歸。草草閱函件及參考文件，疲極不能支坐。小睡未著褥，而委座又約談，待蘭友持稿來謁，余為商定後，即赴官邸研究中常會應付方針。季陶服安眠藥甚多，亦來官邸，但踉蹌不能行走，委座即囑回去休息。吳稚公亦來談卅分鐘。三時卅分鐘辭出，赴中央黨部，與海濱、亮疇諸人談話。四時卅分開會，經討論後，總裁指示三同志之放棄競選，應俟大會依法處理推亮疇、健生、知本、岳軍、厲生及余六人代表常會，與李、程、孫接洽。六時一刻散會，商定勸慰方針。余及亮公赴武夷路謁孫先生，請其：

（一）不堅持放棄；

（二）與李同支持程頌雲先生；

（三）希望擔任立法院。

孫除第（三）點外，均允諾。七時卅分回中央黨部，知本、厲生亦回來，知頌公態度極佳，惟張、白二人久久不至。九時即在黨部晚餐，餐畢張、白始與李德鄰同來，

形色極不自然。會談一小時，李一味發表牢騷怨誹之語，
誤會甚深，未便再有所談。十時卅分散會，余赴官邸報告
（委座已休息），與蔣夫人及諸同志會談，至十二時卅分
歸寢。

4月26日　星期一　晴、有風　六十六度

　　七時十分起。近日為副總統選舉問題，始則李、
孫、程、于均志在必得，繼則李、孫互不相讓，昨晚會
談，孫、程均表示應有一具體折衷辦法，以全黨誼，而李
氏獨誤會甚深，執著甚烈，且有種種怨誹之詞，誤會極
深，最後始允不再堅持放棄，然其心未安也。有此癥結，
國民大會又緩開一日。推主席團胡適、于斌、曾寶蓀、啟
天、亞夫等分訪三候選人，勸放棄辭意，待選舉結果，尚
不知三人者能互諒否耳。九時應召至官邸會談，委座以為
應聽其自然，不加軒輊，得票多者，任何人當選均好，此
實為正大而智慧之舉措。談一小時餘歸。閱滬友函札及參
考資料，今日宣傳小組決定再停會一次。與蘭友等通電
話，陳凌雲、林佛性來訪未晤，十一時五十分亮疇先生來
談，研究本屆能否不選副總統事。孟海攜于先生七十壽序
文稿來，閱後為酌易數字。十二時卅分偕亮、岳、健、知
本諸人到官邸午餐。禮卿先生亦在座。二時歸寓小睡。訪
于先生未晤。擬發新聞稿一則，白健生所請，而委座命擬
者也。芷町來談甚久。希聖、唯果亦先後來談。電話約叔
同來，以新聞稿交之。處理宣傳小組之會計件，加發民藝

班經費。七時五十分晚餐畢，往訪于先生，談約一小時。此老蕭然朗達可敬。九時十分到官邸謁委座會談，與君山、正綱、蘭友會商久之。白健生、李德鄰來訪委座，余與蔣夫人長談一小時餘。旋又見委座，十一時卅分歸。十二時卅分寢。

4 月 27 日　星期二　晴　六十五度

七時卅分起。昨晚睡眠殊酣適，惟鼻塞多咳，傷風又起耳。國民大會今日仍休息，以待競選各方意氣之平息，實則副總統為毫無實際權責者，而各方重視至此，於競選之時，紛紛發表其不同之政見，且以獲選以後將如何輔佐元首革新局面為號召。此乃全不明瞭憲政之真諦者，而一鬨之市，相率風靡，余於今日始真正領悟政界爭競之意味矣。于先生明日七十壽，頌以一聯曰：「追月旦，追陪滄桑屢易；看長庚，熙曜壽考千年。」延陳醫來打針。九時卅分至官邸會談。鐵、立、亮疇、岳軍諸人（彥棻亦來）均參加。委座昨口囑賀君等以選票集中於程，實為愛護哲生之計，但原則上必絕對自由選舉。會報畢後，請亮公以此意告孫君。中午亮公來，謂孫君深知此意也。午餐前閱參考文件多件。浙田糧處陳詒維新處長來談。三時小睡起，乃建來談。旋佛性來談，縱論法界之人物。傍晚芷町來談，對於沈昌煥之轉任外部及游建文改任官邸秘書，均不明其底蘊。沈君之才可愛，不知何以外調也。下午本欲出游，以客來而中止。夜九時去官邸會談，見委座頗

鬱鬱不樂，而立夫似又奔走另闢新途，曾在別室報告，
不知其詳。十時即歸寓，讀李敬齋六十生日論文一首。
十二時寢。

4月28日　星期三　晴　七十二度

　　六時二十分起。記日記畢，讀哲學書八頁。七時卅
分往祝于先生七十壽。八時十五分李唯果兄來談，以乃建
昨日接洽之事面告之，託其相機進行。九時到國民大會堂
參加副總統選舉第三次會。在開會前，與朱經農、余紹
宗、江學珠三君談話。九時四十分開會，胡適之君主席，
于斌報告主席團勸請三競選人勿堅持放棄之經過。白崇禧
君對代表八百人請主席團嚴密管理選舉，保障自由選擇之
建議有所說明，繼即進行投票。余仍投孫哲生一票，十一
時投票畢，出至休息室，與俞佐庭兄談行務。十一時卅分
歸，閱參考資料，並處理函札，接陳之邁君來函，論共和
黨之政策，擬摘要呈閱。一時餐畢，午睡一小時餘，至三
時起。俞嘉庸君來訪，談浙省清匪除患之工作，囑其審慎
處理，勿引起反感。孫哲生偕馬超俊過談，今日居然紆尊
降貴，亦甚不自然也。希聖來談民社黨事，並商中央日報
宣傳方針。唯果再來談，謂將與葉公超兄接洽。傍晚李壽
雍君來談暨南大學事，七時始去。為人書條幅冊頁七件。
夜九時到官邸參加會談，厲生、正綱、彥棻同在，座談選
舉趨勢及立委之安排。十時十五分歸，作私函二緘，十二
時十分就寢。

4 月 29 日　星期四　晴　七十九度

六時五十分起。天時驟熱,可御單衣。晨醒特早,睡實未足也。頭腦微眩,而視覺又轉模糊,延陳醫來打針。致滬上親友函二緘。九時到國民大會堂,連日紛紛皆為選舉副總統事訛言百出,今日始稍見澄清。先在休息室小憩,九時五十分開會,十時十五分開始決選。予仍投孫哲生一票,至報到處領還當選證書。為鄉友諸人題字。十時五十分歸寓,閱函件及參考資料。午餐後自收音機上聽唱票結果,李宗仁以一四三八票當選(孫科得一二九五票)。小睡未熟,僅合眼二十五分鐘即起。唯果來談營救袁君事,其熱誠洵可感佩。約張毅敷兄來談浙省黨務及本邑黨部之人事問題。李立侯、羅佩秋來談今後時局及復興根本之計,約一小時。旋希聖來寓,與唯果同商宣傳方針,兼談此次選舉之因果,七時卅分始去。八時晚餐,僅默與余二人,頗感清寂。晚餐後,覺疲甚。九時仍赴官邸會談,僅到正綱、彥棻二人,立夫後至,談一小時許而歸。十一時厲生來訪,談立法委員問題,勉強陪坐,至十二時五十分就寢。

4 月 30 日　星期五　晴　八十九度

六時卅分閱參考消息及國大資料,又閱青年部文件,分析立法委員已報選舉之結果。九時十分到國民大會出席最後一次會議,為會場幹事題字三紙。今日討論關於常設機構之件,到會者僅二千〇九十人。潘公展君主席,

余於聆取報告後，先離會場。十時應約到官邸，會談立法
委員選舉結果確定之問題，到亮疇、鐵城、厲生、正綱諸
人，談一小時許。蔣公似有不耐煩擾之意，余切勸應顧全
政治環境。旋孫院長來訪，與夫人陪同接見。蔣公力促其
擔任立法院長，而哲生竟謂不能與友黨相處，詞極激越，
余為反覆剖陳利害。蔣公今日側重於勸孫積極，亦納其
意。余復剖析此事之後果，談至十二時卅分辭出。天時燠
熱，汗出如瀋。歸寓午餐後，小睡至二時一刻起。三時到
中國文化服務社，出席卅七年度董事會。到孝炎、道藩、
百閔、亦有、寶驊等九人，討論編審計劃及業務計劃，七
時散會歸。細思國事，殊感朝端水火誤人不淺，真欲裹裳
去之矣。蘭友來訪，商閉幕詞，略談即去。八弟來略談。
夜九時到官邸，與彥棻、正綱同入見，談二十分鐘即辭
出。到武夷路孫公館，會商國大立委選舉補充辦法，到
鐵、立、厲、谷、亮老及立委六人，諸人多負氣而談法
理。余則以政黨信譽為重，謂選法不宜輕改，而感情不可
損傷。鐵、立二人竟亦復不經心，可怪也，十一時卅分歸
寓。十二時卅分蘭友再攜初稿來談，略為修潤之。一時卅
分就寢。

5月1日　星期六　陰雨、午後陰晴　八十度

今日起改用夏令時間，七時前即醒，七時二十五分起。六弟自滬來，與共早餐，談雞山小學捐款事及立法委員審查會經過與孫院長之意見。為六弟檢剖中樞政局之內幕，談至九時十分，六弟赴立法院開會，余閱各種文件。接四弟來函，報近狀及鄉邑諸事。謂滯滬三日，當歸京也。十時到國民大會，參加閉幕式。先在主席會議室與岳軍談話四十分鐘。十時十五分儀式開始，余入政府席參加觀禮。于右任先生致閉會辭，國府主席致祝詞（事前由主席團推周鍾嶽賚送總統當選證書於蔣公之官邸）。十一時禮成。余入謁蔣公，告昨晚會談情形，復即歸寓，已將十二時矣。約曾虛白君來談宣傳事。約希聖兄來談今後政局之補苴。希聖所見多與余相同。一時客去，始得進午餐。食鮮荳，極甘美。餐畢小睡，至二時卅分起。雲南省府秘書長朱景暄（麗東，石屏人）來訪，談滇局及滇桂關係，希望中央充實滇省之自衛武力，談四十餘分鐘而去。余今日乃真感疲倦不堪支持，且骨痛頭痛均作。以天時陰沉欲雨，未能出外遊憩，惟開收音機聽兒童節目引為樂事耳。晚餐只我夫婦及皓兒三人，甚為清寂。夜倦甚，未赴官邸會談。十時卅分六弟、八弟來談。十一時卅分寢。

5月2日　星期日　陰　七十二度

七時卅分起。晨餐畢，呼匠理髮，精神為之一爽。仍延陳醫來打針。近日患消化不良症，舌苔白膩，請其配

置消化之藥以治之。讀各報論國民大會之文字，和平日報
所論殊警闢。滬大公報自有立場，然有一、二段亦多道著
痛癢之語，不可謂非他山之石也。核閱文化服務社董事會
決議錄，對於業務計劃決議有未能達意者，為修改之。立
法院已將增加名額案否決，青年、民社兩黨僅獲二十餘
席，若本黨當選人不以讓與，必不甘心。此事將引起去年
三、四月來三黨合作之裂痕，殊不可不預為之計也。亮疇
先生來談哲生之態度。十一時卅分約兒來寓，余核閱函件
及參考資料。十二時十五分往官邸謁蔣公，俟吳禮卿先生
談畢後始入見。蔣公囑：

（一）勸于先生就監委，

（二）準備宣傳工作，

（三）研究立法委員聯繫之件。

一時歸，九妹夫婦及八弟來敘餐。實之弟餽鰣魚，
極鮮美。飯後小睡，二時卅分即起。約屬生來談，就立法
委員中可與聯絡者與之會商，分擬名單各一紙。余所知者
不及彼之詳備也。約盧白來談，盧白已擬就新聞稿，余為
審閱後交其留存備用。希聖亦來，相與斟酌之。旋張炯、
龐鏡塘兩君來訪，攜來各省市黨部主任委員及一部分國大
代表上總裁書囑為轉呈。將件收下，略談而去。續與屬
生、希聖、立夫談商，五時三刻張、陶先別去，立夫留
談。滿腹牢騷悲望之詞，絕無自屬自省之意，謂之曰頑強
派，誰曰不宜。余只有付之一嘆矣。八時立夫去，始得晚
餐。九時胡適之君來談一小時餘。為立委問題發表消息

事，約盧白來談，又與中央社、正綱、希聖通電話。一時始寢。

5月3日　星期一　陰、微雨　六十八度—六十四度

七時十五分起。連日清晨必早醒，醒必腳筋抽搐，不得不早起，其實睡眠未足也。盥洗初畢，得蔣公電話，囑擬今日對黨員（參加國大者）演講之要點。時間匆率，以四十分鐘時間為寫成四段十節之要目，親自赴官邸攜稿面呈。即赴國民大會堂，參加擴大紀念週。到者約八、九百人，中央委員亦多到會。蔣公蒞止主席，並作極沉痛之講話。勗勉黨員務須借鑑于國民大會中所表現之缺點，要自信互信，尤宜自反自強，切不可再爭權利、存私見以誤國事。語極沉摯，約一小時餘始畢。說至緊要處，聲情激越，如掏肝肺，為已往所罕見也。禮畢，接開檢討會。上午檢討政治，下午經濟、軍事，余均未赴會。十時五十分到于先生家，奉命敦勸其續任監察院長。于先生堅辭，談三十餘分鐘，其意不可回，乃辭出歸寓。十二時卅分亮疇來談，哲生左右議論紛歧，宜速定立法院長之人選，並顧及其出任前之聯絡工作，蓋妄冀此席者大有人在也。草草午餐畢即往謁蔣公，詳陳之，並為賀衷寒君代達意見。蔣公突問與賀君常接觸乎？交情何如？答以平常相識而已。一時卅分歸寓，閱情報件，處理函札，小睡二十餘分鐘。陳辭修兄來訪，告辭職已准，將在滬割治胃疾，並言願為蔣公修傳記，鼓勵余亦寫一本傳記。余聞之殊感奮。

辭修去後，道藩來詳談政局。旋馬星樵來談，主張孫哲生
任行政而不任立法，余以大義勸之。雷震來談，不可為立
法委員事而迫使友黨不合作。余質陳所見，為之剖析。唯
果來，未及詳談。七時出席臨時中常會，決定由本黨推定
孫科、陳立夫為立法院院長、副院長候選人。八時歸寓，
唯果來談戡亂行憲之根本方策，約二小時去。已服安眠藥
矣，又約立兄來撰發新聞稿。十二時五十分寢。

5月4日　星期二　陰　六十六度

七時十五分起。近日仍須為介公奔走接洽，本日宣
傳小組會停開一次。黨務檢討會議，上、下午均有會，亦
未出席也。檢理篋笥，彙整文件，作致慧居士書。為人題
酬應件，略偷半日之閒。仍請陳醫來打針。十時後閱報，
覺申報近來精神殊鬆懈，公展兄分心旁騖，又未囑託主筆
部分工負責，即編輯部門政治認識亦尚嫌不足也。洪蘭友
兄來談一小時餘，對黨務政治之看法，與余頗有同感。與
之研究大法官之人選。十二時卅分午餐畢，閱文件，接蔣
夫人來函，提供廣播稿之意見。一時卅分小睡至三時起。
岳軍來電話，謂政院事蔣公本已與何敬公商洽，今日乃又
責成其蟬聯，業已面陳力辭，望余再為轉達。此次決意不
幹，絕非自私，務必請求諒解。四時希聖來談。五時與厲
生、世杰、立夫、鐵城、雷震等同赴官邸，商量疏導兩黨
感情，解決兩黨困難之方法，決分兩組籌補救之策。余留
待十分鐘，轉述岳軍之意極懇切，而蔣公不容盡其詞，即

命余再去挽勸。六時回寓，知亮公有言與余面談，即赴北平路訪之。亮公對立法意見紛歧，引以為憂，並告余各方對副院長之反響不佳。七時十分歸晚餐，九時往訪岳軍，懇談良久，而其意不回。並謂：「今日余如繼任，即為不忠；反之，余若不任政院，乃見忠誠。」云云，談一小時餘。十一時往官邸覆命，研究此中癥結，余亦頗為岳軍引申其意。蔣公尚能細聽我言，不似下午之焦急矣。歸寓後，道藩留待詳談何敬公方面種種之所聞及立法委員集會談話之離奇，談一小時去。余顧謂允默，所謂政治乃如此耶？為之長嘆。一時就寢。

5月5日　星期三　晴　七十度　立夏

七時十分起。連日奔走接洽，均為行憲政府之組織事宜。然黨內情形複雜，黨紀鬆弛，人自為謀，不相統屬；而青年、民社兩黨更因立法委員當選名額無法捕救，對我黨極不諒解，有醞釀整個退出之計，雖勉求諒解，終難彌縫其裂痕。自李君德鄰競選副總統以來，黨內更平添一支暗流，國基兀臬，幾于無人計慮。為大局著想，真不勝憂憤之至。九時到中央黨部參加中央政治委員會議，九時二十分接電話赴官邸。蔣公與余談大局之展望，命注意宣傳。十時歸寓，即約希聖、唯果來談。十二時到官邸參加宣傳會報，談軍中宣傳、青年運動及對外宣傳事。並談蒲立德來華事。二時會畢，蔣公留余談話。謂何敬之先生託劉經扶代達不能擔任行政院事。又告余以雪艇轉達之建

議，命再訪岳軍懇談。二時十分歸。今日立夏節，午餐時
食筍荳、新莧菜應節令。二時卅分新聞局沈春丞君（錡）
來談，為審閱對記者談話稿，匆匆未能詳酌。三時往訪岳
軍，談委座之意，力勸其接受新行政院之職務。岳軍允考
慮數日再答覆，其意似有待於黨內之表示也。回寓疲極，
四時卅分就枕小憩，五時卅分醒。唯果再來談。希聖攜來
對蒲立德談話要點。二君談至七時去。徐柏園君來談財
政、金融、經濟應有新政策。八時晚餐，餐畢孟海來談蔣
氏宗譜修葺事及委座傳記應有一佳本，談一小時餘，十時
去。芷町來談對新政府之看法。十一時五十分道藩來談立
法委員聯繫事。一時卅分就寢。

5月6日　星期四　晴　八十一度

七時十五分起。為行政院院長問題，幾度唧命切勸
張君擔任，張君堅決不願受命。中經徵求何敬之君同意，
未及三日，又復撤消。蔣公顧慮太多，雪艇成見太深，以
致昨日又作第四次之往勸。以客觀環境言，余實贊同張君
之見解，即：

　　（一）宜一新耳目；

　　（二）任何於軍事有益；

　　（三）何君較凌空無色彩。

　　然蔣公既屬意張君，則余以為此問題應早日決定。
細味昨日張君所談，似尚無決心也。我國政治始終不脫人
事關係上之離合，若干人成見太深（雪艇、立夫皆然），

洵屬可嘆。上午仍延陳醫來打針。接雪艇電話，知青、民兩黨情緒極壞。十時應約到官邸，岳軍已先在，余亦加入談話。已而鐵城、立夫來談立法院院長、副院長等事，商定由總裁約見黨內常委之當選立委者，徵詢行政院問題，至十二時始歸寓。閱參考文件。四弟、八弟來午餐，餐畢與兩弟談話。小睡一小時，覺精神疲頓。天時驟熱，殊以為苦。六時十五分偕默出遊玄武湖，散步五洲公園，食櫻桃，購零物，觀兒童遊戲為樂。偷得浮生半日閒，亦甚有意義也。八時歸晚餐，以希聖所擬對蒲立德談話要點，並檢中常委名單送呈之。夜學素來談甚久。此君近來滿腹牢騷，見解不正而喜談政局，多道聽途說之言。余實無以指正之。然近來一般人對中央方針日益隔膜，由生活困苦而反映為反中央之思想，則亦非一朝一夕之故也。謝壽康君來訪，贈余傳記一冊，意大利名畫拓影四幀，談一小時去。今日神思不快，洗足後十二時就寢。

5 月 7 日　星期五　晨晴、午雷雨　六十九度

七時十分起。與四弟略談。晨餐後延陳醫來打針。關於青、民兩黨立法委員當選名額過少（正式當選者合計不滿二十人），無法彌補。聞兩黨甚感不滿，此亦一極大之難題。檢查名冊，覺無補救之可能也。九時往訪右任先生，致介公之意，請其擔任考試院長。右公力辭，謂君等豈以我必得一名位乎，如此則唯有去京以示決心耳。知不可強。又詢以監委後任之人選，于先生答以丁先生為宜。

十時十分到岳軍官舍，與雪艇、鐵城、立夫等商青、民兩黨問題。雷儆寰報告，兩黨已發聯合聲明矣。致其措詞，甚為失態。研究挽回之辦法，苦無良策。十二時到主席官邸午餐，到厲生、正綱、君山、雪冰及中常委之當選立委者二十五人，討論：

　　（一）行政院長人選；

　　（二）立法院副院長如何選出；

　　（三）黨員意志如何統一；

　　（四）新政府應有政略綱領等。

　　諸人熱烈發言，甚見坦直，交換意見至四時始畢。對行政院人選，一致主持張院長；對立法院正副院長，均表示服從中常會決議（黃宇人、湯如炎未起立，謂立夫之副院長之選出無把握也）。又與哲生、鐵城、立夫等留談青、民兩黨問題。五時辭出歸寓，則湖南路下水道淤塞，余寓門庭積水盈尺，需人背扶乃得渡至廳室矣。以時遲，遂不及午睡。閱參考資料及函札畢，研究宣傳件，考慮雞山捐款問題。其間與蔣公、岳軍、雪艇、希聖等通電話，六時收聽中央電台兒童廣播，心胸為之曠怡。八時許晚餐，餐畢閱報讀論文數篇。十時涉水出門，至岳軍寓，與立夫、岳軍、雪艇、雷震等商談對青、民兩黨之答覆，約一小時餘，略有結果。推儆寰往晤兩黨，說明之，請其明日出席立法院。十一時卅分諸君辭歸，與岳軍談話，述介公之意及中午會談情形，請其打銷去志，懇談至一時十分歸，匆匆收拾，即就寢。

5月8日　星期六　晴　七十二度

七時起。天氣轉晴，庭前積水已退，湖南路中段亦勉可行走矣。計劃雞山小學建築款項募捐之事。今日立法院行憲後第一屆集會，籌備處辦事不周，通知觀禮之請柬至上午九時始送達客人，余未接請柬，故未往參加。後聞開幕式由孔雯掀主持，其儀式甚草草也。八時卅分蔣公約往官邸談話，禮卿、岳軍、立夫、雷震、厲生、世杰均到，商量青、民兩黨未當選正式立委之補足名額辦法，余力主選票次序應維持，最多只能使兩黨候補第一、二人能有遞補機會。九時十五分及卅分蔣公分別約見青年黨余家菊、啟天、舜生，民社黨徐傅霖、蔣勻田，勉以繼續合作勿灰心。余等在別室稍待又略談即辭歸。到家後，林佛性來訪，推薦燕樹棠為大法官。王亮疇先生來談哲生先生經濟情形。林紫貴君來辭行。鄧友德來報告出席日內瓦新聞自由會議事。一時卅分午餐，餐畢閱文件，小睡至四時許起。希聖來談宣傳事及青年黨態度。玉清來談半月刊事及立法院情形。彭鎮寰君來談立法院情形及黨員恢復互信之必要，約一小時許始去。八時晚餐，接憐兒第二函。八弟來談，至十時卅分始去。周策縱君來談，余以疲極，未能接見。閱蜀人張培爵遺札，辛亥四川都督，為友所害。十二時寢。

5月9日　星期日　日蝕、陰雨　六十四度

七時十五分起。今日星期，決定休息一日，不出門

訪友。九時餘日環蝕，適以天陰，不及觀測天象。十時卅分食盡，天空盡晦，室內有如薄暮，氣候驟寒如深秋，溫度降至六十四度，開日光燈乃能勉強辨物。然中間停電二次，只能僵臥而已。滬上各報登載關於青、民兩黨辦法委員選舉糾紛事，皆謂蔣主席保證在三個月內使兩黨候補立委能遞補至當時協定額之半數（即青年黨補足四十人，民社黨補足三十七、八人）。然欲達此目的，必須使兩黨之列入候補第三名者得以遞補，此非正式立委大量放棄不可，其事甚難。十一時接四弟來寓，談雞山募捐事。約、遜兩姪同來。午餐後閱參考資料及函件，接積明來函。周策縱赴美來辭行，為書介紹片二紙。二時卅分小睡至三時卅分起。食豌荳餡糰。致皮宗敢君一函。四弟略談後即去。陳志賡君來談。立法委員楊雲、岳樹猷、毛翼虎及劉譜人來訪。旋雷震來談，約四十分鐘。唯果攜眷來訪，驩敘至六時餘始去。其子行恕，慧敏可喜。文英甥來函，為祖望請假。閱大公報星期論文。晚飯後唐乃建兄來談袁甥永熙事。十時徐柏園兄來談。力子先生來談監察院事及于先生之出處。十一時客去。讀兒童刊物。十二時就寢。

5月10日　星期一　陰　六十二度

　　七時起。今日以骨痛較劇，且連日紛繁，擬再稍作休息。今晨中央紀念週，知為徐柏園報告財政，余已閱悉其內容，遂不出席也。立法院今日開首次預備會，原議定以年長第三之費有俊（川籍六十八歲）為主席，嗣改推鐵

城主席，聞係廣泛討論議事規則之原則，另推委員會起
草，每單位推一人則太濫矣。九時卅分往謁蔣公，報告立
法院事、監察院事、青、民兩黨之態度與願望，以及孫哲
生氏之感慨等，談卅餘分鐘辭出。便邀約陳廣煜君來打
針。十一時閱參考資料及各報處理宣傳小組之件。老同學
陳祖樞君來訪，君章代見之。午餐後小睡，僅四十分鐘
起。九妹懷孕二月餘而流產，允默往視之。二時卅分史美
誠君來談，囑其轉致李幼椿應明大義。嚴祥風（鵬齡）老
同學來訪，年六十五矣，以與蔣公少時有舊誼，思得一公
府執事職云。五時胡秋源、錢納水、馬樹禮三君來談今日
軍政革新之要務。錢君陳述地方之痛苦極詳備，胡君論改
革，能見到問題深處，言論正大，縱談一小時卅分而去。
七時五十分晚餐，僅余及允默二人，甚感寂寞，夜樓佩蘭
君來談。十時李文齋、劉振東兩立法委員來談。十一時卅
分寢。

5月11日　星期二　陰、雨　六十度

七時起。補記日記畢，覆憐女一函。準備宣傳小組
之件。道藩來電話，告立院修訂議事規則之要點。美誠再
來談。九時五十分到官邸謁蔣公，奉諭招待曾慕韓君。十
時慕韓來見，對立法委員名額，希望能照立夫最後所提名
單，使青年黨有六十二人至六十七人當選，仍不外增加名
額之一途。蔣公謂余希望能使兩黨各得當時協定之半數，
但此須有三個月之期間，仍勸其全面合作，無改初旨。慕

韓條陳時事，留書面意見，談至十一時始辭出。與蔣公研究此問題之處理，十一時十分歸寓，接靈修函、述庭、佩蘭函，又孫院長呈主席函。閱參考資料。午餐後小睡，僅三刻鐘即起，睡眠殊不足。四川立委陳介生及商會選出立委朱惠清來談，均由君章代見之。三時舉行小組第十八次會議，交換意見，研究宣傳原則，達二小時之久。又討論配紙繼續與否之問題；補助文藝社出版小冊費，即交胡一貫君攜去；通過聯合資料會報辦法。六時散會，宏濤、白虹、漢平來談。岳軍來訪，適開會未晤談也。亮疇先生來談監委院長選舉不可由黨提名，彼今晚回滬休息云。陳啟天君來商青年黨繼續合作及參加立法院之前提。八時六弟來晚餐，餐畢待唐乃建兄不至，為申報作介紹函，六弟談至十一時始去。已服安眠藥矣，而道藩又來談。十二時五十分寢。

5月12日　星期三　晴　六十七度

七時二十五分起。睡眠未足為骨痛而醒。起床後，目眩神昏，胃部養養欲嘔直至十時卅分以後始稍癒，乃知藥性殘留，強起作事之痛苦也。九時卅分約陳醫來打針。十時後允默往訪九妹，回來知已出院矣。閱參考資料及外交調查資料等件及函件。十時卅分齊鐵生君來談東北近況及對於改革政局之所見。余詢以東北各省立法委員各別之略歷，齊君一一指出，能識其十分之八。談至十一時卅分始去。十二時十分到官邸謁蔣公，參加星三定例宣傳會

報。陳述昨日小組會議之結論二點，一時五十分會談完畢。報告亮疇先生之意見，又談民、青兩黨問題，二時十分歸寓午餐。接約兒函，寄我程民小朋友照片一幀。今日時遲，不及午睡，二時五十分錢公來先生來訪，陳述對東北挽救方策意見六點。張肇元君來談，轉示某君致孫院長之函，係奉命而來聯繫者。三時五十分岳軍來訪，對大剛報論評極誤解。旋談及組閣之困難與各部會人事之擬議，余亦以所見奉告之。言未已，而芷町來訪，遂轉移話題，談兩黨立委名額之解決問題。岳軍談至五時十分始去。李煥之、羅佩秋二君來訪。乃建來談，匆匆十分鐘而去。與芷町談行憲後之政局。六時果夫來談，謂外間誤傳余抨擊霞天，致生誤會。今日風氣以搬弄是非為尚，洵無聊也。果夫去後，雷震來談卅分鐘。傍晚王惟英來訪，乃不暇見之，囑君章代見。旋讀其留函，竟欲擁余任總統府秘長，何妄人之多耶。八時晚餐，餐畢實大感疲倦。為大剛報事，與溫麟、立夫通電話。立夫不責己而責人，其態度仍如昔不變，可嘆可嘆！校改五月三日之講詞紀錄一篇。十二時五十分就寢。

5月13日　星期四　晴　七十二度

七時三刻起。盥洗畢，作函三緘，寄各親友。昨日王惟英來函，竟謂有一部分人士主張余出任總統府秘書長，此誠未明總裁運用人事之苦心，亦太不瞭解余之個性。今日囑君章約惟英來，切實告以此事絕無可能，且將

引起極大之誤會，勸雷殷先生等萬不可作此想。經此決絕
表示，彼等當可釋然矣。李唯果兄電話來告袁永熙事，兼
及最近宣傳方面規劃。十一時陶希聖兄來談立法委員問
題。旋胡秋原、錢納水來談，函勸民、青兩黨出席立院之
問題，出示函稿，甚表贊同，談至十二時去。午餐後，閱
參考資料，各種文件及函件。小睡一小時許。陳雪屏兄來
談，一部份立委對副院長問題仍極堅持，聞之不勝悵惘。
傍晚覺疲勞未復，只能休息，聽中央電台廣播兒童節目，
唱歌聲調清朗，天趣盡然，為之欣喜。七時應岳軍之約晚
餐，與青年黨左、余、陳、鄭振文、楊叔明、劉東岩同
餐，厲生略坐即辭去，余與鐵城、儆寰、世杰等於餐畢後
與彼等交換關於補救立法委員出席問題之意見。左、余等
均堅持以黨讓黨之原則，不欲依選舉結果以謀解決。鄭振
文、楊叔明亦同此論調，余等反覆研究，告以遞補名額不
能超出蔣主席指示（即原協定額半數）之範圍，彼等表示
未便接受，謂如此斷不能解決問題。十時卅分青年黨諸友
先告辭赴滬，與世杰、鐵城、雷震在岳軍處商談應付方
法，苦無良策。嗣又談行憲後政院與立院問題。雪艇今日
神態失常，有激越過分之語。岳軍似有深憂。十二時散
歸。十二時卅分寢。

5月14日　星期五　晴　七十三度

七時三刻起。盥洗甫畢，道藩來談立委中之複雜情
形，小集團紛起林立，各有企圖，而對副院長問題則儼然

形成兩大分野，本為不成問題之問題，乃看得如此嚴重。
黨內之相忌相疾，猜疑隔閡，攻擊擠排，於此殆表現無
餘。若不速有自覺，則分裂之勢已成，此後政局無寧日
矣。延陳醫來打針。十時十分王亮疇先生來談黨團組織規
則事，亦深以黨員失卻理智無可統一引為憂慮。十時卅分
雷儆寰兄來談研究立法委員退讓友黨之辦法，就名單一一
研究，甚覺不易有把握。十一時立夫應約來會商此事，談
議良久，迄無善策。謂只能儘可能進行，囑儆寰不可輕作
限期實現之諾言。十二時十分客散登樓，以房屋須粉飾，
移居於東邊後室。午餐後大感疲乏，睡一小時餘始起。閱
參考資料及函件七件。游建文秘書、劉同縝秘書先後來
談。五時一刻聽兒童廣播，稍解鬱悶。六時金誦盤醫師來
談政風與社會風氣，余詢以療治骨痛之藥劑，彼謂不妨以
新藥LOTIN 試之。八時客去晚餐，餐畢仍移居原室。接
皋兒來函。閱吳思豫君送來祭告文。作簽呈三件，簽覆周
宏濤秘書函詢之件。十二時工作完畢，而就寢。

5月15日　星期六　晴　七十四度

　　七時五十分起。連日紛繁之結果，精神大受影響，
體力亦感不支，而視力模糊，眼球枯燥，尤為工作之障
礙。早餐甫畢，蔣公以電話催詢就職典禮之廣播詞稿，余
實無瑕準備，乃答以尚未開始，正待著手也。九時五十分
希聖兄來，談行憲伊始，立法機構不善用其職責，勢將蹈
民初之覆轍，而危殆猶過之。故不能不從輿論上急切提撕

而警覺之。余深以為然。蓋今日確為輿論界自靖自獻之時機也。對希聖之熱誠勇氣，既深覺其可佩，乃盡量鼓勵之。群愚眾盲，或將以不狂者為狂，非吾輩所計矣。十時卅分雪艇來訪，面交對外政策之要旨，備余採用於就職廣播詞內，略覺其太長，且接受之。雪艇又略談中樞政局而去。午餐時，呈蔣公一函，述立法院選舉之所見。午後閱參考資料及文件畢，就睡一小時餘，至三時起。檢閱諸友送來之演詞要旨，而心思不能凝聚。又患目力不濟，致未及著手。六時驌先來談選舉事，約五十分鐘，致工作又為所擾。為平息精神使趨寧謐計，乃開聽廣播兒童音樂。晚餐已八時餘，餐畢搜集資料，至十時以後，心思乃始集中，然已精力疲弊，不得不中止工作矣。十二時寢。

5月16日　星期日　晴　七十六度

六時五十分即起。睡眠實未充足，因有文字工作，乃不能不早起。盥洗畢，即著手起草，甫成第一段，而蔣公電話相約。九時往官邸訪謁，適與何總長商談軍事。何君退後，余乃入見。蔣公詢余文字已準備否，面報內容要點，蔣公囑且先具稿。又詢就職時典禮，余主張謁國父陵寢時不必用告文。以但植之所撰擬者，帝王色彩濃厚，不便明言指斥，故主張僅行禮即可。蔣公以為然。旋又略談立法院情形。蔣公謂今日將出游宜興、無錫，須明日始歸京去。十時歸寓，賡續寫第二、三段，乃客來不止。始則佛觀過談，定下週赴香港，余為作介函致潘公弼兄。繼財

資委會主任秘書吳兆洪來談美援運用事宜。一時始進午餐，餐畢閱參考資料，核定函稿五件，親致葉啟宇、李叔明各一函。二時卅分睡至三時卅分起。天熱易感疲勞。道藩來談，其言頗偏激，恐傷感情，姑含忍之，然私心竊歎今日人心各有所蔽也。約兒侄來寓，作一小文付之，俾登載兒童週刊。八時三刻四弟婦自杭來京，九時一刻晚餐後略談而去。立夫來談一小時。心煩不能執筆。十一時三刻寢。

5 月 17 日　星期一　晴　七十四度

七時卅分起。今日乃不能不趕撰文字，蓋總統就職期已通告，確定為五月二十日也。盥洗畢後，檢出昨日未完之稿，將第三段重寫，接寫第四段、第五段。接周秘書自無錫來電話，詢京中選舉及其他情形，知蔣公游憩途中，仍不忘中樞政事之演展也。接寫第六段，以雪艇所撰之外交政策三端加入其中，略為修改補正，再加一段結論。至十一時卅分完稿，已目昏不能辨字矣。今日對參考消息亦不能閱讀，請允默誦而余聽之。午餐後天時轉熱，小睡殊未熟，二時卅分醒即起。聞岳軍明日六十生辰，親撰十六字祝之：「甲子初周，玄髮未艾；肝膽相照，皓首為期！」較之歌功頌德似為有意義，然聯實不佳也。省吾將就職演詞稿繕正，約唯果來家共同商酌。唯果貢獻改正意見，助余改正，得其裨助不淺。程天放君來談約四十分鐘。鄭彥棻約崔書琴教授同過訪，崔君在北平主持獨立時

論，余素知其為人，談哲學評論復刊等事。六時卅分去，七時孫九錄君來談。干祿之士，急功近名，然以哲生先生之關係，亦不得不周旋之。今日立院上、下午選院長、副院長，孫得五五八票，陳得三四二票。六弟來談選舉事，並索特刊材料。十時孟海來談。十一時洗澡，十二時寢。

5月18日　星期二　雨、潮濕　六十六度

七時三刻起。今日又大感疲繁，心中多不如意，皆由從前太單純、太天真，對一切政治上人物皆以君子之心相期，以為各方觀點縱有不同，而最後歸趨必衷於一，今乃知其不然。於是迷離、悵惘、失望遂相襲而至也。八時卅分到行政院一號官舍，祝岳軍六十壽誕。遇驪先、彥棻，知主人往行政院開會，簽名辭出，至大方巷二十一號訪李德鄰將軍，談時局及政務，聆其對北方政治之意見，坐談一小時歸寓。希聖、平遠、乃建三兄先後來談。吳祖楠君來辭行。聞蔣公須午後始歸，其忙裡偷閒，出游整暇可佩。午餐後閱參考資料及函件，方擬午睡，接電話往謁。蔣公詢兩日來情形及青、民兩黨態度，談二十分鐘歸寓。三時卅分岳軍來訪，初以為閒談或商量政事，乃彼突出一上蔣公之信，懇辭行政院之新命，語意堅決，有泛察輿情，決難勉強，依違則進退失據，偏向又心所不安之語。余以時至今日，何可再怯艱難，請其勿再作退卻之想。岳軍執意不納余言，留書於几，堅囑轉陳。並述數日來所見所聞，意料此席決不能勝任云云。四時卅分辭去，

乃不得不將彼函送呈蔣公，時儆寰、雪艇、鐵城來會談
青、民兩黨問題。儆寰報告在滬與兩黨接洽之經過，以
立、厲二兄來到，對於商定立委勸讓之事無法進行。雪艇
今日極表憤激，以黨內分歧，引為大慼。有處此時局，應
作一大開大闔之考慮等語，亦激于意氣與成見之談也。六
時卅分諸人先後散去，閱晚報，並核發函稿。七時林佛性
兄來談浙治安情形，以今後立法院、行政院應注意事項。
接蔣公電話，從命親往切勸岳軍。謂在公為同志，在私有
多年之友，情何忍恝置不顧。以電話約會晤時間，乃張宅
賓客紛集，待至十時，知客猶未散。作一極懇切之函再達
蔣公之意。道藩來談昨日選舉情形。十一時接岳軍電話，
去意仍堅。十二時寢。

5月19日　星期三　雨　六十五度

七時卅分起。九時到中央黨部，出席中央政治會
議，嗣知改期，乃復歸寓。閱本日報紙，知豫西及承德戰
事方酣，念首都為政治空氣所沉浸，更無人注意於戡亂救
民之軍事，殊深慨歎。幸參謀總長顧墨三已於今日就任，
當使剿匪軍事不致停頓歟。十時到國府，參加第二十五次
國務會議，到會者二十五人，十時卅分開始報告外交事項
及計政方面結束審查之各財政案約十餘起。又議決國葬名
單及外交案多起。今日為國務會議最後一次會議，主席致
詞慰勉國府委員，即在會議廳合攝一影以留紀念。十二時
卅分會畢，一時到官邸。與哲生、鐵城、立夫、厲生、墨

三談會，一時卅分同進午餐。主席對立法院事有所垂詢，餐後留談一刻鐘。關於行政院新職，岳軍仍堅決不願就任，蔣公命岳軍與何敬之先生商之。二時卅分歸，草草閱各文件畢，小睡僅半小時即起。四時蔣公交下就職演詞，囑再加整理，約新聞局沈劍虹君來寓，告以要點，囑即完成英譯稿。沈君去後，余就指示各點重加整理，至七時完畢交繕。四弟夫婦及六弟來談，八時卅分到官邸參加會餐，到國府委員、各院院長及國府各局長等，談敘甚歡。餐畢詠霓、達詮等與余留談，至十時卅分歸。與六弟談立法院情形。十二時就寢。

5月20日　星期四　陰、下午轉晴　六十九度

八時起。以省吾繕就之講演稿（總統就職致詞）送曹秘書聖芬呈閱。九時卅分到國民大會堂，參加總統副總統就職典禮，與陳光甫、鮑爾漢兩君同坐第三排。今日到者約三千人，外國使節均禮服盛裝而至，計到三十餘國。十時正，蔣公著文官常禮服，配大綬采玉章，偕夫人蒞臨。首全體唱國歌，繼由吳稚暉先生監誓，總統舉右手誦憲法內之誓詞。宣誓畢，即席致詞，歷二十分鐘畢。然後入二樓，接受外賓觀見。十時五十分余與亮疇先生同乘一車，經新街口赴國府，參加觀賀禮。沿途民眾如堵，車行有達三行者，幾於徒步前進。到國府後，參加攝影紀念畢，十二時十分歸寓。一時總統約宴，立法委員被邀作陪，余未克前往也。午睡一小時許，顧一樵校長來訪，未晤談。

吳俊升教授來訪，談大哥遺著刊行事。李壽雍（袁東）校
長來訪，談暨南大學校舍事。接六弟及道藩電話，報告立
法院開會情形。聖芬來，商談發新聞稿。希聖兄來談。唐
乃建兄來談，約三刻鐘。對中樞現象及刷新政風人事均有
建議。傍晚客去，聽廣播節目兒童音樂游唱，有一小學生
作慶賀總統就任之簡短講演，極可愛。晚餐時與允默食鰣
魚。芷町來電話，談總統府秘書長事。夜張厲生、張伯謹
兩兄來談一小時。六弟來談立法院多數委員之意見。啟
煦、佐卿兩姪來談，十一時後始去。今晚時遲，不及往謁
委座。十二時將就寢，而道藩來談行政院長之問題，知敬
之、岳軍均堅謝。黨內意見亦不一致云。一時卅分就寢。

5 月 21 日　星期五　陰晴　七十二度

　　七時五十分起。蔣公對昨日立法院通過關於同意權
行使之條款（即一、須經全院委員會審查；二、提出之人
須提出施政意見），以為超過憲法之規定，且為黨員不信
從領袖之一徵。於今晨八時約立夫往談後，九時十五分約
余往談，竟以總統不能視事，是否可辭職相詢。余答辭職
為憲法所無，且國家大局如斯，不可對外間有所表示。又
詢亮疇先生知已去滬，命電請其歸京。旋孫院長、吳秘書
長進見，蔣公囑孫院長代向立法委員黨員大會表示行政院
人選之意見。余十時十五分歸寓。旋知岳軍已離京飛渝，
表示辭意之堅決。十一時知立院之黨員舉行假投票，何得
二五九票、張九四票、鐵城廿五票云。向午實之弟來談。

納水、秋原來訪，對立委假投票之舉極表不滿。六弟亦來
談，午餐後始去。午睡一小時許起，擬訪辭修，知不在寓
乃止。在寓閱參考消息及函件。江學珠女士來訪，允默出
見之。接葉公超次長電話，詢泉兒何日可歸，囑其先發留
學護照。今日下午農行常董會未往出席。悵念時局，無限
憂慨。八時十五分蔣公約往談話，慨憤溢于言表，殊無詞
以慰之。晚餐後九時卅分往訪何敬之先生，談一小時歸。
十一時五十分立夫來訪，對上午中央黨部之會有所解釋，
但對時局無積極建議。一時就寢。

5月22日　星期六　晴、午轉陰　七十四度

八時起。盥洗進早餐畢，知亮疇先生已回京，即往
訪於其北平路寓所，談關於行政院長假投票問題，激起蔣
公之憤慨，甚至表示灰心。亮疇以為此萬萬不可。余請其
詢問鐵城先生，以立法院詳情。一面回寓，報告蔣公，請
謁見。九時五十分偕亮疇先生往謁，蔣公意欲以不能視事
之原因，及未獲立院信任為理由，表示只有引退。亮疇反
覆開陳，謂黨的整理與政府組織應分別考慮同時進行。至
辭職云云，憲法無規定，且對大局牽動，萬不可行。蔣公
意仍不解，謂提張既不可能，而提何又不願就，殊無術以
處之。談一小時餘辭出。亮公往訪哲生，余則回寓。六
弟、八弟、約兒來家，閱兒童週刊登出余之游戲作品。午
餐後與六、八弟談話（今日河北同鄉五人兩次來訪均未
遇）。接細兒來函。三時小睡至四時起。雪屏來訪，未晤

也。與道藩兩次通電話。吳國楨君來訪亦未值。五時五十分偕鐵城、亮疇及哲生連袂晉謁，蔣公意似稍解，謂將提出第三人，但此屬不得已辦法，務盼通過。談至六時卅分歸。晚餐後，八時一刻承約再往官邸晤談，謂將提出翁詠霓君，但暫不宣布。余今日實憊甚，僵臥閱報自遣。驪先來談，表示消極。唐乃建兄來談。十二時卅分寢。

5 月 23 日　星期日　晴　七十五度

七時三刻起。整理書件，研究蔣公昨晚所談，如何疏導立委之辦法。認為此事必須由孫院長分別約集各方面代表人物懇談，再不可採用全體黨員會之辦法。九時以電話詢孫公館，知尚未起身。九時卅分蔣公約往談話，謂此事且待顧墨三君與何敬之將軍接洽後再進行，並詢余以新閣成立後之意見。余以前所語張君者詳述於蔣公之前，以為內、法、教、社及新聞局應在行政院中為與黨溝通之一組。至外交一席，似尚無關要旨，蟬聯固佳，即更換亦不必定為於黨有歷史者也。蔣公意張彭春、蔣廷黻可供考慮。旋又談大法官人選及黨的內部分野之分析。十一時辭出，擬往見孫哲生君，惟途中見彼車向東行，乃不果往。歸寓後閱參考資料及函件。接朱經農函，即覆一函，選購四部書二十五種。吳禮卿先生來談，與曾慕韓晤談之經過。一時午餐，孫院長約一時卅分往談，至則出外未歸。二時歸寓小睡，三時許起。得電話約談，遂至武夷路官邸與孫談洽二十分鐘。時劍如、星樵、正忙於起草建國協會

之章程也。四時卅分辭歸，做函致憐兒、謙五及良英甥。
以電話與唯果接談，旋又接道藩電話，覺其神經又將失常
矣，殊為憂之。電話詢立夫，兩次均不在寓，乃告果夫，
請代慰之。八弟來談甚久，所談均家人事及鄉邑事，兼及
個人之經濟問題。八弟觀人能於微小處見其人之性格，與
之論人物，足備參考也。孟海來談，託其徵集書件。傍晚
聽音樂自遣。陶副官腎臟有積石，擬為籌醫治之方。八時
希聖來談。八時卅分到官邸會餐。立夫派人攜來一函，託
轉呈。九時晚餐，到王亮疇、吳達詮、孫哲生、顧墨三、
吳鐵城諸人。餐畢敬之先生亦來談，代為審閱談話稿，至
此行政院長人選已決定矣。十一時到果夫家（已睡），與
之談政局及立夫事。十二時歸，立夫、道藩來談甚久。發
新聞稿後，於二時就寢。

5月24日　星期一　陰晴、夜雨　七十四度

七時卅分起。盥洗甫畢，李立侯君來談，希望出任
實際職務。九時到中央黨部參加紀念週，行禮前與季陶、
禮卿諸先生談話。九時十分紀念週開始，總裁親臨主席，
陳雪屏君報告最近中大、金大學生滋擾情形及政府對學潮
之措施，並有所建議。十時十分禮畢，接開臨時常會，仍
由總裁主席。提出新行政院長之人選，擬以翁文灝君擔
任，先徵詢中央常委之同意。經劉健羣、張道藩、李宗
黃、田崑山、王亮疇、邵華等熱烈發言，最後一致表示同
意，並決定請總裁下午二時約立法委員全體黨員談話會。

十一時十分中常會畢後歸寓。與滄波、孝炎諸人通電話，並閱各報及參考資料。午餐後小睡，僅三刻鐘即起。三時與允默出郊外，至五洲公園散步遊憩，寄情花木，瞻望湖天，胸中塵垢為之一清。允默與余談，語君性情異於常人，但各方對君均有好感，希望仍能維持其獨立之風格。余忽得一聯笑謂之曰：「和而不同，涅而不淄；人度週末，我度週初」。相與一笑。蓋觸景而發也。六時卅分歸，滄波來談歐行所感。旋六弟亦來談，知立法院已以四八九票對九四票通過同意翁君為行政院長，余出翁君傳稿為編改略歷，交申報發表之。八時晚餐，餐畢翁君過談，旋即往官邸，同謁總統，商副院長及各部會人選，並及三黨合作問題。翁君對新閣不主多所更動，總統謂君自全權酌之，余當為君相助也。十一時十分歸寓，雷儆寰談青、民兩黨入閣之條件及我方之準備。十二時將就寢，道藩又來談，立夫出國之意甚堅。又談立法院中應有一股主力，但亦無具體辦法。十二時五十分就寢。

5月25日　星期二　晴　七十四度

八時十五分起。辟塵自滬來京中央銀行供職，早車到京，即來見，與談家人近況。十時雷儆寰君再來談立法院各委員會召集人，應為友黨留名額事。余告以已函孫院長，恐難實現。因立委中想做召集人者甚多也。力子先生來訪，探詢政局，其意態殊瀟灑，然言下仍有隱憂。旋外交部鄭震宇君來訪，攜來七弟所寄之藥劑。亮疇先生來談

立法院情形。十一時與亮公同至官邸謁蔣公，談中樞政治應注意之點。余又留談黨務，十二時歸寓。知孫九錄君又曾來訪，未及見也。午餐後閱文書函札。二時午睡未熟，客來即起。羅佩秋兄來訪，談道德重整運動。徐景薇兄來訪，談今後總統府之組織與顧問、資政、職責之分配，所言甚有見地。四時五十分滄波再來談訪問李德鄰及于先生之經過。旋成舍我君與六弟同車來訪，會談久之。時適有落選之立委多人來見，囑君章代見之。希聖來談與青年黨人士洽談情形，並分析民社黨內部之希望。沈昌煥君來訪，詢時局要旨，並述其對美援運用委員會願參加有所貢獻，談至八時後始去。八時十分晚餐。浙高同學蔡聚文來訪，無力見客，由君章代見之。九時卅分到官邸謁蔣公，談今後政府與黨部應注意改革之要點，並命余擔任中政會秘書長。余答僅能代理。十一時退歸寓。十二時寢。

5月26日　星期三　晴　七十八度

八時十五分起。昨夜睡眠又不佳，實際只睡五小時以上，蓋清晨又為胃痛而早醒也。徐柏園次長來訪，未值，貽余荔枝一簍，味極甘芳，飽啖十餘顆，略慰近日心中之苦溯。此二月以來，形神勞瘁，猶在其次，而目睹縱橫排逐，是明非素，各執一端，權利所在，錙銖必爭，余以一毫無所營之人，置身其間，對蔣公之痛苦體念獨深，無力相助，憂慨有不堪言者。十時十五分亮公來談司法部事，約卅分鐘去。立夫來訪，談出國準備，並為自身剖

說。十一時卅分唯果來談行政院事。十二時參加官邸宣傳
會報，顯光未到，參加者十一人。交換意見畢，蔣公對黨
務忽表示其極大之憤慨。對立夫頗多貶詞。二時會報畢，
余又留談十五分鐘回寓。遇黃造雄，與之立談十分鐘。史
美誠來訪，述青年黨之意。所提要求，多不可能者。三時
午餐後，史君仍留談卅分鐘始去。劉詠堯來談，君章代見
之。張齡來訪，未值。五時陸東來談司法院及司法行政部
事。傍晚唯果再來談研究應否擔任行政院秘長事，彼意極
猶豫有畏難之意。八時卅分往官邸謁蔣公，彼告余今午評
論黨事有過分激越之言，殊自悔疚。余於晚餐時，為談說
甬上舊人鄉邑故事，以轉移其注意之方向，鬆弛其心情。
孟海亦同餐，談掌故及蔣氏世系。九時卅分與孟海同車
歸。十時道藩、立夫來談出國之準備及黨部改變作風與人
事之分析，余覺立夫絕無省悟之意。然兩君刺刺不休，直
至二時始就寢。

5月27日　星期四　晴　七十六度

八時十五分起。昨晚睡眠更少，晨起二小時內精神
尚好，惟過後則目枯神疲矣。盥洗閱報畢，雷震來訪，談
青、民兩黨昨日接洽之經過。彼方提出五條，待今晚當有
答覆云。然我方岳軍西飛，立夫忙于出國之籌備，鐵城又
去滬未歸，一切接洽均無重心。雷震欲以余為中心，余亦
有心無力也。朱騮先兄來談教育部事，謂詠霓表示，總統
可同意其辭職，以顧君一樵繼任教部，此說殊不可信。又

談季陶並無堅決擺脫之跡象。盧滇生兄來談，意在得一總統府顧問。談卅分鐘去。陳醫來打針。送呈總統簽呈（請約見滄波）一件，函機要室發密電本與立夫。亮疇先生來談司法部事，以謝瀛洲為宜。一時到官邸與蔣公及經國同進午餐，商談黨務，並報告政府組織接洽經過。二時卅分歸寓，約立夫來談。小睡一小時餘，極酣適。四時立夫來談，一心急于出國，絕不提及京中各事如何安排。其不顧大局，殊令人失望，難怪蔣公有慨憤之詞也。蘭友來談卅分鐘去。金誦盤君來診余疾，斷為心臟衰弱，血壓過低（一一○—七○）之故。亮公再來談，對司法部事主維持舊人。余不敢苟同，僅允轉陳參考。今日下午詠霓去滬視孟餘。聞教部事蔣公並無表示也。陳公洽先生來談浙省治安，不願接受浙主席之任務，保薦林、潘、徐培根及徐學禹四人，留函囑呈蔣公。客去後疲甚。八弟來寓晚餐後，九時卅分去。接衛生部函，皋兒出國進修已奉核准，即馳函告之。夜王中惠親翁來談。與道藩通電話甚久。知佛觀已回京，可喜。十二時十分寢。

5月28日　星期五　晴　八十二度

七時卅分起。昨日金誦盤君診視結果，斷定余病為血壓過低，心臟衰弱，故疲勞、倦怠，以及筋骨疼痛現象接踵而起。開就藥方一劑，南京各藥肆遍覓不得，只得自上海覓購之。今日擬稍作休息，以關於黨的宣傳事、組織事及政院人選、各方所聞情形、並友黨態度及協議應注意

點、書面簽報蔣公。九時辟塵來談。十時徐佛觀兄來談在港視察情形及對香港展開宣傳之意見，約四十餘分鐘。唐乃建兄來談新閣與軍事關係及警政統一意見。十時五十分李唯果兄夫婦陪同袁甥永熙來見，文弱而沉默，僅與略談家常，客來遂中止。然覺其人尚不俗也。午餐後小睡僅一小時起。東北代表白堅等四人來訪，君章代見之。三時辟塵再來談，詢以中央銀行人事。四時允默遣永熙訪四弟及九妹，接之來寓。胡繩繫自慈轉滬來訪，為慈中募捐，余為分別函六弟及王新衡君進行捐募。鶴皋兄來談，彼今日偕奉化鄉耆來謁總統致敬也。滄波來談立法院院會進行情形，竟有欲設置特種委員會者。此後行政、立法兩院事權之重複，勢所不免矣。希聖來談宣傳方針及在滬觀察經濟之所得，約五十分鐘而去。馬超俊君來談全國總工會事。八時略備肴饌，約四弟夫婦、八弟、九弟伉儷、辟塵等來寓，與永熙同進晚餐。餐畢，敘談至九時後散去。余已無力支坐，與實之弟談總統府組織等事。徐柏園兄來訪談某案及新財長之難產，以為王雲五較適宜。十時後休息，十一時卅分寢。

5 月 29 日　星期六　陰晴、夜微雨　七十八度

八時起。此五日來，精神頗感疲憊不支。客人散去時，在室中只能偃息於沙發榻上，不復能長時期久坐也。今日為四明董監會，余本欲赴滬出席，然恐京中人手稀少，用是中止。近日如鐵城、鼎昌等均赴錫滬游覽蘇息；

哲生亦赴滬；立夫將出國；彼等能學太上之忘情，而余獨
不能，人嗤其愚，我自有其守也。盥洗畢，閱報，與袁甥
永熙略談。九時卅分朱家驊君來談，直入人家堂室，已為
可厭，而患得患失，溢于詞表，又甚苦難以應答也。翁詠
霓兄來談新閣組織之經過，對舊任多擬羅致蟬聯。此時適
芷町來訪，久未晤談，見之心喜。然談未十餘分鐘，而他
客又至，彼遂匆匆別去。苗培成君來談，欲得一不管部之
閣員。滄波來談，明日歸滬，將請假半個月。午餐後始得
閱文件及參考資料。黨政考核委員會轉業人員聯誼會代表
來訪，君章代見之。蕭叔絅來訪未晤談。午睡約一小時
起。余井塘兄來詳談黨務、黨內糾紛引起之經過、彼之看
法及態度等，長約二小時半。道藩亦來談昨晚辭、杰兩兄
宴會之結果，並透露有所謂「幹部團」之組織，為黨內第
三方面，聞之駭嘆不止。傍晚閱兒童週刊，作剪紙手工填
字游戲以自遣。近日真渴望回返童年時之天真矣。午餐後
學素忽又闖來余室，談吐間多憤世嫉俗之語，歷一小時始
去。約袁甥永熙來長談，此為余第一次與之詳談，覺其見
解沉著，出言不苟，甚慰。十二時一刻就寢。

5月30日　星期日　雨　七十四度

七時五十分起。盥洗閱報畢，葉秀峯君來談司法行
政部調查局事，約卅餘分鐘。旋雷儆寰兄來談在滬與友黨
人士洽談情形。十時翁詠霓兄攜名單過訪，知將以洪蘭友
兄任內政部事，並謂應準備提出中央政治委員會之手續。

然中政會秘長忙于出國，副秘長到滬醫病，而吳秘書長亦
逍遙滬上，余只得越俎代謀，約吳鍊才君來談，告以下午
須準備，一面以長途電話催蘭友歸來。立夫來辭行，手書
「超以象外，得其環中」八字贈之。十二時卅分往官邸參
加敘餐，到四十四人。蕭錚、天放、如炎先後發言，勗勉
黨員要認識黨、主義、領袖之重要，速謀團結，以應時代
需要，而紓國家之急。與其假服從，不如真反對。語極痛
切。二時十分終席，余及唯果留談十五分鐘退。又與辭
修、屬生、經國三人在石主任室商談黨務與立法院事。三
時卅分歸寓，與鐵城通長途電話，詢以對內政部長之意
見，並促其歸來。詎彼竟不欲遽歸，可詫甚矣。就睡不得
合眼，起而洗足。芷町兄來談一小時去。接總裁手諭，命
代理中政會秘書長。五時卅分唯果來談，並攜來名單，對
副院長仍提顧孟餘，而內長仍提屬生，余以為不甚妥，然
已無法再延，明日勢須發表矣。七時卅分晚餐，汪日章、
張炯兩君先後來訪，均未晤見。夜與永熙談話一小時，贈
以書籍一冊。十時雷震再來談，知青年黨又中變態度，並
促余等即進行勸讓立委之手續。十一時許始去。作函四
緘，分致思圻哥、潤老、叔眉諸君，並致明、樂合一函，
神疲已極，一時就寢。

5 月 31 日　星期一　上午陰、下午晴　七十四度

七時卅分起。今日陳辭修君赴滬療疾，不及送行，
殊覺黯然。八時洪蘭友兄來訪，以行政院內定之新閣名單

（屬在黨同志擔任者十四單位，又政務委員三人）交彼，
付秘書處繕印。八時一刻允默攜皓兒偕永熙赴滬。八時卅
分鐵城先生來談，謂滬上一般看法，新財政王雲五未必有
何施展，實則雲五本人亦感不勝負擔，蓋上半年六個半月
支出已達三百萬億以上，七月至十二月即照現狀遞增之比
率計算，支出當在一千一百萬億左右，至少不敷六百萬億
也。九時參加中央紀念週，聽劉蘅靜君報告婦運。十時禮
畢，與詠霓院長同謁總裁，對名單作最後之裁定，保留王秉
鈞一員暫不提出。十時十五分舉行中政會卅次會議，因立夫
辭職，以余代理中政會秘書長，實非本願。總裁親臨主席，
提出新閣名單。驪先表示不就，總裁慰勉之。一致通過。
散會後，與蘭友副秘書長談卅分鐘而歸。閱函件及參考資
料，發函三緘。午餐後小睡至二時即起。核算本月份私人用
度在二千萬元以上。孫九錄君來談，以政委落選，殊為不
平，牢騷之色溢于言表，且有威脅之詞，不遜已極。余折以
嚴正之詞，怏怏而去。誠鄙夫也。楊玉清君來訪，談月刊、
立院、張懷九辭職及理論委員會等事。汪日章君來談杭州之
學生運動。陳凌雲來談監察院開會之籌備及于院長態度。客
散後，與唯果通電話，囑其轉請翁院長往訪孫院長。傍晚略
休息，聽廣播音樂。夜陶希聖兄來談中央日報事、社論委員
會事、新民報事及成舍我君之聯絡事。希聖洞達人情，深思
博察，能實幹而甘于黯淡，其人格可敬。十一時辭去。讀蕉
園詩稿，至十二時十分就寢。

6月1日　星期二　晴　七十六度

七時卅分起。今日新行政院成立，惟董顯光君及青年黨政委（包括農林、工商兩部長）未到任，翁君在第一次院會中致詞，以革新政務，提高行政效率自勉。當此行憲開始，把握時機，未始不可以有為。論者以閣員多舊人，然舊人何嘗不能行新政乎，拭目以視之矣。九時延陳醫來打針。十時簽報對于財政次長之意見，送呈蔣公察核。又核發資料室及研究會經費與薪津。十時周宏濤秘書來談，謂蕭自誠君延長留美一年，已奉批准矣。又談官邸秘書之分工及今後工作。周君並以彼等主辦「自由與進步」半月刊送余兩冊，談一小時別去。接蘭友來函，對入府服務一節，表示謙謝。十二時閱文件及參考資料。一時到官邸謁總統，談監察院、立法院、理論委會及輿論界諸事。與蔣公及經國同餐，二時歸寓。未及休憩。三時舉行小組會報，交換所得消息，與宣傳方面之意見，討論議案五件，並對各單位陳述意見，作四點之結論。今日會議最有收穫，自三時開會至八時始散。包德明、劉延福、許大明、李樹滋、楊覺天五人來訪未晤。宏濤約晚餐，未及赴約也。希聖為余談民社黨近情，殊覺今日權利觀念之害人不淺。夜讀「自由與進步」半月刊又雜閱各刊物之學術論文及文藝小品。十二時約君章來談。十二時一刻寢。

6月2日　星期三　晴　八十三度

八時許起。睡眠尚佳，腳痛似已稍癒，惟目視模糊

加甚，當係天時驟熱之所致耳。為蔣公改定先系考序，此
文係孟海代撰，余以其末段離題稍遠，遂為修潤之，以見
蔣公敬宗追遠之孝思。然余文平衍，實無當也。九時十五
分到中央黨部參加第一五四次常會，與禮卿、驪先、君佩
諸兄接席談話。驪先對教部尚遲迴作態，余促其積極任
事。今日中常會由劉健羣主席，討論例案及經費案、國大
立委之未了糾紛案。會未畢，余往中政會秘書處，與蘭友
副秘書長行交接式。集合一等幹事以上之職員訓話，與蘭
友、子鏡、鍊才略談會務（聞今日中央黨務工作同志，因
待遇問題糾眾請願，有毆傷警衛之事，風紀如此，可嘆已
極）。十二時十五分到官邸參加宣傳會報，互談一小時
餘。二時卅分即在官邸午餐，談監院事、考試院事及對友
黨態度諸事。三時歸寓，僕人來告，謂君章與省吾口角，
君章竟摑省吾之頰，誠可謂貽笑大方，較望弟在此時更不
如矣。疲極小睡，五時始起。史美誠君來訪，轉致青年黨
曾慕韓君之歉意，並盼余打開僵局，余則何能為力乎。章
淵若來訪，未晤談。七時六弟來談。夜四弟、八弟亦來
談。囑四弟訓誡君章，並曉譬之。十時驪先來談，刺刺不
休，知有名位利祿而已。與諸弟談話，甚可樂。辟塵姪孫
購枇杷相贈，敘談甚久。一時就寢。

6月3日　星期四　晴　八十二度

八時五十分起（此為六十日來第一次之晏起）。盥洗
甫畢，雷渭南君（殷）來談立法院事及考核會事。雷君為

民初國會議員，守正不阿，在北平時始終無改於革命黨人之風度，北伐後歷主桂省民政，抗戰時任考核會之職，生活艱苦卓絕，而識解殊宏通，余商報時通信之舊友也。今重參立法機關，年六十餘，而志氣不衰，亦自可佩。皓兒自滬歸，攜來默君一函。十時卅分約鍊才秘書來，與談中政會各事，以圖章付之。並商量改訂條例而去。以改定先系考序稿呈蔣公。延陳醫來打針。接叔時自美來電話，聽不清晰。午餐後小睡至二時起。閱各方函件及參考資料。周副院長惺甫來談監察院副院長事。陳漢平兄來談參加行政院秘書處第六組之志願。佛觀來談香港宣傳之展開及對於軍事人事之所見。希聖來談友黨之希望，並代託劉文島君出國（秘魯）事。力子先生來談昨日與右任先生談話經過。實之攜來監院文冊，略談而去。八時晚餐，餐畢約六弟來談，與之商香港方面充實國民日報之人選，彼舉胡友椿君。旋八弟亦來談。九時蔣公以先系考序再交下，囑再潤飾，乃約孟海來商略，十一時始完稿。寄允默一函，為改購唐人文集事。十一時五十分寢。

6月4日　星期五　晴　八十二度

七時五十分起。以蔣氏先系考序改正稿寄呈蔣公。末段自謂較沙君原稿為親切。已將監察院副院長問題之所聞所見簽報呈閱。九時實之來談，交來監察委員之黨員名冊一份，即交陳蔚如君繕正。九時卅分甘自明君來談行政院任事一年來之經過與心得。蕭純錦君來訪，言辭官以

後，閒散無事，願得一考試委員之職。十時卅分吳鍊才、楊子鏡兩君來談中政會之人事及財務情形，簽交中農、上海兩行之印鑑各一件（其合作金庫之印鑑則用君章處所置者，另星備用款則用事務科長之章）。張純漚君來訪，談監院情形。一時到官邸午餐，承詢考試院及司法院之人選等（井塘亦來謁，謙辭代理組織部事）。午餐畢，回寓閱函件及參考資料，小睡至三時許起。三時卅分雷震來談友黨參加政府問題。四時五十分芷町來談總統府一、二兩局辦事情形及對于時局之觀察。周國創兄來致送節費。五時卅分往訪鐵城先生，談話半小時以上。出訪亮公，未在寓，轉至吳達詮君處，轉述蔣公對國史館人選（擬請季陶先生擔任），並談大法官等人選。七時卅分歸，接細兒一函，附外孫大超照片，閱之甚喜。夜李叔明兄來詳談央行及財部事。毓麟來訪，匆匆一見。余東平來訪，君章代見之。英倚泉君來訪，談新加坡情形。井塘來談，其心理抑鬱可憂。十一時卅分就寢。

6月5日　星期六　晴　八十四度

七時卅分起。今日參加集會五次，至為冗碌，幸得張彼得小朋友來信，並寄來照片，覽之殊堪喜悅，亦繁憂中一大安慰也。寄吳文官長一函，保薦大法官，以章士釗、燕樹棠呈薦；又對林彬、劉克儁、羅皓三人亦簽請提薦。九時到中央常會（鄧文儀主席，討論立法委員國大選舉未了案及經費案）。十時出席第一屆監察院集會典禮，

李夢彪先生主席，總統致詞。十一時歸寓，閱函件及參考資料，處理宣傳小組文件。十二時卅分到華僑招待所午餐，鐵公所召集，到十人（井、道、力、杰、震、健、少谷、啟江、彥棻等），商勸讓立委與友黨事。二時歸寓小睡起，三時卅分到第二會議室，出席會報，商如何保障就學安全及學術自由問題。驅先主席。五時十分先退，參加總裁在勵志社招待監察委員同志之茶會。總裁致詞，勗各同志和諧一致，從遠大處致力，並應不忘全國性。監委六、七人先後發言。總裁作總結後，七時散會歸寓。張忻康君來訪，與之接洽宣傳小組存款之件。八時卅分到官邸晚餐。鐵城、井塘同餐，蔣公詢黨部經費等件。九時卅分歸寓，寫寄細兒一函。十時卅分八弟來訪，斟酌新聞稿。申報卜少夫、新聞報陳丙一來談，十二時去。十二時卅分寢。

6月6日　星期日　晴　八十二度

七時卅分起。連日緊張之餘，今日甚感休息之必要。除披閱必要文件以外，只能偃臥讀書。午前道藩來談，知井塘於今晨赴滬療病，留書辭代理組織部之職。黨內事困難日滋，人手日少，可為慨嘆。接鉅鹿函。接張彼得小友贈照片，覽之欣然。兒童天真乃足羨也。午餐後小睡有惡夢。二時卅分醒，史美誠君來談甚久。知青年黨亦甚徬徨。省吾今日銷假，約其與君章晤談，俾重歸和好。王中惠親翁來談，一小時去。四弟來晚餐。向中央社詢滬

學潮事。接允默函，即覆一函。八時應翁詠霓兄之約，到
行政院官舍，與立法委員十二人會餐。餐畢略談歸寓。發
函數緘，與四弟談學風、政風、文字修養及家庭瑣事，直
至一時卅分就寢。

6月7日　星期一　晴　八十五度

　　八時起。與辟塵談話，以余井塘函轉呈總裁，並簽
保趙廼傳、蕭純錦、羅時實為考試委員。九時出席中央擴
大紀念週，行禮畢後，由翁文灝君向各立法及中委報告施
政方針重點，段劍岷、狄膺、曲直生、黃宇人等均先後發
言，有所主張。十一時先退，與唯果到宣傳部長室略談。
旋又與厲生懇談。十二時十分回寓，知伯準、忻康曾來
訪，未晤也。一時午餐畢，往中山門內訪張純漚，三山里
訪陳雄甫，均未遇。歸來午睡，頗以天熱為苦。三時五十
分亮公來談。四時卅分民社黨孫亞夫君來談。七時徐柏園
君來談財政、金融、貿易等事。夜陳肇英君來談。九時一
刻謁蔣公。歸閱文件。十二時卅分寢。

6月8日　星期二　晴　八十八度

　　八時許起。盥洗畢，同鄉姚桂卿君來談。九時徐士
達君來談遊杭經過及東北人事。十時吳鍊才秘書來接洽中
政會文件，定明日開會。約希聖兄來談，請其草擬談話
稿。為促進三黨合作事，與吳秘書長聯名談話。十一時張
忻康君來談。十二時與希聖商洽改定談話稿，送蔣公閱

核。一時午餐，餐畢閱文件。小睡四十分鐘，殊苦悶熱。
三時舉行宣傳小組會，報告未畢，蔣公約往談話。交下談
話稿，並命接洽監院、考院、司法院等事。五時往訪鐵
城，以談話稿送請核閱，彼極同意。歸來後，又斟酌字句
交中央社發表，並託雪艇、希聖分轉孫亞夫、余景陶君。
接默來函，即覆一緘。八時晚餐，九時八弟來談。發寄鉅
鹿函、七弟函。十二時五十分就寢。

6月9日　星期三　晴、熱甚、夜雨　八十九度

　　八時一刻起。匆匆盥洗畢，略進早餐，九時到中央
黨部出席中政會。世杰報告外交，彥棻、星樵提出質詢，
何部長報告軍政，通過王徵為政務委員，又通過政務次長
十餘單位。十一時十分散會，與禮卿先生談話，又與天放
談黨部事。十一時三刻歸寓，分發端午節節賞。十二時
十五分到官邸，參加宣傳會報，歷兩小時始畢。蔣公留余
午餐，經、緯同餐。報告監院近情及與友黨洽談經過。蔣
公對政府組織有所指示，並勉余努力調協各黨派。二時
五十分歸。三時十五分孫亞夫君來談，謂民社黨決定參加
監院。溯中來談。四時十分到中央黨部與鐵城、啟江、彥
棻、少谷、力子等商勸讓立委之工作分配問題，歷一小時
三刻散會。接見張蒓漚君。六時五十分回寓。接默函、憐
函、永熙函、積明函。九妹伉儷來訪，孟昂來談祖範事。
旋八弟挈一袁姓小朋友來，餉以粽子、枇杷，此兒極可
愛，僅四歲耳。孟海來商文字。十一時卅分寢。

6月10日　星期四　豪雨　八十二度

八時十五分起。今日豪雨終日，庭中積潦盈膝，不能出門。客來時，乃不得不以人力車過渡，殊為不便。午前閱參考資料及各文件，仍延陳醫來打針。昨日胃痛，今日已癒，但精力疲倦耳。葉實之弟來談。朱經農先生來訪，談教育。吳達詮文官長來，接洽大法官人選，與考試委員人選。蔣公以浙人太多，應加入北方籍貫者，致四弟不能參加，余毅然贊同之。中午知監院副院長仍未選出，田炯錦得票甚多。一時午餐，餐畢未及午睡。鍊才、子鏡兩秘書來洽談中政會事（發表省吾為專員），研究人事，約一小時去。約雷震來談，以司法、考試兩院情形囑其相機與青年黨連繫。梁仲華先生來談鄉村建設與教育，宏論不凡。七時子力來訪。夜覆默函。十時卅分道藩來談。十二時卅分就寢。

6月11日　星期五　晴　八十三度　端午

八時十分起。史美誠來談青年黨事。上蔣公一短函，為立委友黨問題。李俠廬秘書來談。九時卅分外出往訪周惺甫先生，賈煜如、張莼漚在座。旋擬往訪果夫，知適在考試院，乃在考院外會客室與之詳談仲肇湘事。果夫固執成見，談話不甚愉快。十一時卅分歸。六弟來談翁院長在立法院報告施政方針情形。十二時五十分午餐，食鰳魚、黃魚、烏賊魚及枇杷等，以今日為端午也。客來賀節，均未晤。午餐時飲酒，致面部發紅。宗良兄偕田炯錦

（甘肅人）來談。又與六弟略談滬市宣傳事。三時倦甚小睡，五時起。草草閱文件，與君章、省吾洽事。五時十分惺甫來談。五時二十五分岳軍來談一小時。士遠師偕叔諒過談考試院之事，約卅分鐘。沈昌煥夫婦來賀節。接公弼兄來函，商香港報紙之事。亮公來訪，商大法官人選。芷町來談，對余拳拳之意，至可感紉。滄波來談，至晚餐後九時卅分始去。與禮卿、雷震等通電話。張六師來，匆匆一晤。十時三刻六弟來，託發去致烈孫函。十二時卅分寢。

6月12日　星期六　陰晴　八十度

八時十分起。盥洗早餐畢，蔣公約往談話，對於昨日少數立委如蕭、賴諸君質詢新行政院施政方針，語言越出題外，認為有計劃的搗亂，極表憤慨。謂彼等如此窘辱同志，不顧大局，必將無人能容忍之。繼又詢法、考兩院人選及立委讓與友黨之進度。談一小時餘。余亦有所建議（對大法官考試委員事）。十時十分辭出，約陳醫來打針（今日起ORETON暫停注射）。史美誠兄來見，匆匆未與詳談。八弟來談裴存藩君事。陳凌雲君來談監察院事。處理文件及小組之件，閱參考資料。十二時卅分午餐畢，蔣公又約談，至則果夫亦同在（天放、道藩未到），蔣公對果夫備加責備，謂汝昆弟所領導幹部如此，將何以善其後。詞色甚厲。果夫力辯，所辦組織二十七年秋早已呈請取銷，無責任可言云云。余為轉圜，勸果夫轉告相熟同

志，勿逞意氣。三時歸寓小睡，直至四時十分起。又有客
來，到中央黨部開談話會。啟江、彥棻、少谷、君山均
到，惺甫、煜如、李錫恩、王德溥亦來會。各人互述接洽
勸讓經過，均無結果。決定仍分頭進行。五時五十分散
會。與惺甫談話後，又與雷震在別室談卅分鐘出，往訪亮
疇先生，知與鄭毓秀同車外出，遂歸寓。八時晚餐，與皓
同餐，食蔣夫人所贈之荔枝，允默寄來粽子。謝冠生來
談，余為詳述行憲後法部責任重大。十時再到官邸，與翁
院長同談話，十一時半歸。十二時卅分寢。

6月13日　星期日　雨　七十八度

八時起。梅雨連綿，氣候陰鬱，而政治氣氛亦復呈
低氣壓之狀態。立法院十一、十二兩日質詢行政院施政方
針，確有不明性質，任意攻擊，越出行政院長所能答覆之
範圍，尤其有若干委員，如賴璉、蕭錚、吳鑄人等均被指
目為另有作用。政院各部長多數表示憂憤，甚至消極。國
事如此，洵屬不堪設想。此皆個人抬頭，而本黨解體之先
兆也。九時卅分吳達詮君攜所擬大法官、考試委員名單見
訪，囑留存研究，又留交資政顧問名單各一件。蔣公已初
步核閱者。十一時道藩來談「CC」內部之散漫情形，表
示不能負連協之責。十二時卅分與道藩同訪果夫，安慰其
煩悶，並商善後。我雖多方勸解，而果夫仍無反省之意，
其不夠坦白，殊為可嘆。二時歸寓後，研究解決三黨合作
問題，以電話與蔣公接談一次，並往晤，十五分鐘而歸。

小睡至五時許始起。與六弟等通長途電話。蔣公又約余與
道藩往談黨團組織之方法，七時歸寓。接泉兒來函。今日
約兒姪來寓，余竟以外出未暇與談也。晚餐後芷町、希聖
先後來訪。孟海為蔣氏先系考事來談卅分鐘，商酌文字。
希聖留談至十一時卅分去。十二時卅分寢。

6月14日　星期一　晴　七十八度

七時卅分起。六弟偕滬上立法委員胡秋原、馬樹
禮、朱文德、楊管北自滬夜車來京，到余寓早餐，談立委
質詢應提早結束問題，諸人均表贊同。馬、胡兩君表示尤
為懇切。又談立法院既難成立黨團，則應分別成立俱樂
部，以為集中意見之中心。九時一刻達詮、亮公來訪，談
大法官之人選及考試委員問題。達詮並交閱資政及國府顧
問名單，十時一刻別去。今日遂不及參加中央紀念週，嗣
乃知為李宗黃君報告也。十時十五分仲肇湘君來談，剖析
立法委員之成分及立院前途，余勸其就考試委員，而放棄
立委。肇湘勉強同意，其意殆謂在立院貢獻較多，此亦實
情，然為友黨計，不能不委屈能者矣。閱函件及參考資
料。寄周惺老一函。接皋兒來函，述出國進修之計劃。午
十二時卅分六弟來談立法院事及香港宣傳事。三時小睡，
四時許始起。與諸友通電話，皆為勸讓立委事。詢屬生，
知在立法院。交省吾匯滬款。五時往仁和街訪岳軍，談政
局、軍事、經濟及美援、鄉村教育計畫事。可亭亦在彼
處，對勸讓川立委，謂無法進行。八時歸寓晚餐，餐畢以

長途電話致劉百閔君。九時卅分往謁蔣公有所陳述及請示。彥棻亦來謁談，十一時歸。十二時就寢。

6月15日　星期二　陰晴　七十九度

八時起。今日宣傳小組會議決暫停一次，因惟果等均極忙碌，余亦苦無瑕晷也。九時卅分接吳市長來電，知力子已赴臺北，乃改致一電，託魏主席轉交之。十時劉百閔兄來談鄭文禮先生之病狀及其不能辭讓立案之困難。余意擬為在京謀一閒散職務（如國府參事之類），仍託百閔商諸同鄉切勸。十一時竺可楨先生來談浙大學潮及亟需增建宿舍之事，其意在請四聯貸款。此事余殊難為力，告以實際狀況，仍允勉力商之。十一時卅分實之電話來告，今日翁院長到立法院作總答覆後，立委對之表示甚佳云。擬往訪亮疇等，知均不在家。閱參考資料及各方公私函件。又接泉兒第二函，為七弟事，即作覆函三緘。核閱資料室報銷冊。二時小睡，至三時起。接陳醫來打針，並約四弟來談。吳鍊才秘書來洽談公事。六弟亦於七時來談。晚飯後達詮送來簽覆資政顧問件，余即會簽，並簽請考慮王樹翰、張伯英為顧問。八時卅分到官邸，蔣公就余商考試院院長人選，初擬賈煜如，余以為應以教育界有資望者為宜。蔣公乃決定張伯苓先生，承命去電天津敦促。並電岳軍與兩黨接洽，以通知方式請民社黨之石君、青年黨之何君，分別擔任法、試兩院副院長。九時卅分與詠霓、鼎昌、鴻鈞、雲五、可亭同在官邸商預算事。蔣夫人亦來同

餐。十時三刻先退。先謁居覺生先生于大樹根，繼謁鄒海濱先生於頤和路，均談十五分鐘而歸。與希聖、儆寰、劉問渠通電話，與陳銘德通電話。威博自滬來，談效實事。至一時始寢。

6月16日　星期三　晴　八十三度

　　七時卅五分起。與威博談卅分鐘，勸其勿辭效實校長。近日睡眠時間減少，幸精神尚堪支持，雖晝夜勞苦，所見所聞多可悲觀，然我心堅定，略無波瀾，自喜修養漸有進步。實亦一切惡劣現象，其演變至今，早為始料所及，故能見怪不怪也。九時參加中央常會，與賀君山兄同席而坐。會前謁見蔣公，報告昨晚會見居、鄒兩先生談話經過。今日中常會討論例案外，總裁以王亮疇先生、張伯苓先生分長司法、考試兩院事徵常會意見，一致無異議通過。十一時散會歸寓。料理文件，製調查表三種。洪瑞釗君來訪，未接談。十二時十分到官邸，參加宣傳會報，商宣傳方針，談立委事，二時散會。接雷震電話，知青年黨有文件致翁院長及余，聲明不能參加政院。在官邸前，與唯果、希聖立談卅分鐘。歸寓午餐畢，已三時矣。接允默來函，謂秦氏小弟弟甚念我，為之欣喜。又接樂兒來函。今日未午睡，與岳軍、禮卿、儆寰等三次通電話。芷町來談卅分鐘。士遠師來訪，意在考選部長。告以不便推薦，乃請蟬聯副部長。余對其境遇至為同情。五時到吳鼎昌官邸，與亮公同商大法官人選，未作最後決定。吳對中樞組

織竟若置身事外，囑余往訪總統。七時趨官邸謁談，知青
年黨文件之發表無可勸阻。蔣公謂副院長事，只得稍待。
七時半歸寓。翁院長來訪，談政院事及工、農兩部事。八
時卅分晚餐。八弟來同餐。九時五十分朱部長來談浙大事
及英士大學事，十時卅分始去。從上海長途電話，探知青
年黨公開發表文件，約希聖來商，覺本黨不能不有一聲
明，共同研究後，由希聖起草一稿，余為略加刪閱發出。
十二時卅分寢。

6月17日　星期四　晴、下午陰、有雨意　八十度

八時起。閱青年黨昨日發表之談話，其起首之語甚
和平，頗悔我方談話稿不夠和謙，或將啟人誤以為指責之
嫌，可見執筆之不可不慎（希聖有時用語不夠婉摯，亦其
小疵）。早餐甫畢，道藩來談立委組織情形，並謂明日將
去上海。談一小時始去。葉秀峯君來談局務及時局，彼對
職務頗感進行困難，然其態度較前任徐可均為謙謹，余極
同情，多方慰勉之。閱參考資料及文件。十一時卅分始接
李、左二君致余與儆寰之原函，研究再四，決託岳軍轉達
誠悃，仍望彼黨諒解，參加政府。十二時卅分午餐後，作
一懇摯之函件送張岳軍（四時飛滬），使其轉示青年黨之
友人。一時卅分立院張秘書長肇元偕吳學義、姜壽春兩君
來談，均希望得考試委員者。三時監察院李秘書長來談監
察委員對行使同意權之意見。四時應邀出席財委會，其職
員誤報已散會，乃迤歸寓。又接允默函，即覆之。簽請總

裁補派申、新兩報股權代表。五時偕雷震往謁蔣公，其對青年黨之方針，乃與余等所見吻合，可云心理契合矣。而請派鄭烈蓀君為國府參事，蔣公即下手諭交孫義宣即發出。歸寓後，辟塵來談。芷町來訪，談公私諸務。接杜市長函，知張伯苓先生辭不就任，以電話告達詮，請其查明即呈，彼尚夢夢也。八時芷町去，晚餐後八弟來談。希聖亦來談。知曾琦發表談話，滿紙怏怏之詞，可謂不達人情矣。囑儆寰往訪魯之、景陶後去滬。十二時卅分寢。

6月18日　星期五　晴　八十三度

昨晚於服藥後，仍寫擬電稿，此極傷神，後當戒之。今晨七時起。發寄張伯苓、胡適之兩君各一電，並代擬蔣公覆張伯苓電稿（因張君以囑辭謝），於八時十分送呈，旋聞批覆即發，而文官處仍未將張電呈上也。九時五十分蔣公約往談話，報告監院情形、同意權行使問題、青年黨問題等，最後並請示華僑日報事，奉諭可由余逕電岑先生。十一時歸，右任先生過訪，談監委之主張及希望對法、考兩院極關心，勉余盡力連繫，談四十分鐘始去。閱各方函扎及參考資料，接發覆函（省吾今日請假，回紹興一行）。一時午餐，餐畢，得蔣夫人手書，並餽鮮菓贈書籍。函中討論人生態度，語涉哲理。蓋因余有去函述及擾攘之中此心安恬，深悟「堅定、寧靜、忠恕」，通于耶教之「信」、「望」、「愛」，我國之「智」、「仁」、「勇」，而蔣夫人則勉余以窮究天人宇宙之理也。午餐

後，與雷震接電話未通。吳鍊才秘書來，決定下週中政會議案。與洪蘭友兄通電話，詢問其健康，並促早歸。二時卅分到農行，出席常董會，決定提案二十餘件。會後與喬啟明、仲肇湘談話。又果夫與余談昨日開會，決定黨費保管辦法。五時歸寓，與上海通話，仍未成。雪艇外長來訪，談美援及一般外交，深以立院同人激昂太過為憂。楊玉清兄來談關於三民主義半月刊暫停結束事。七時卅分客散小憩，閱報。沙孟海兄攜文字來談，留共晚餐。餐畢電燈忽熄，與孟海談近事及個人感想，商略蔣氏家譜事例，約一小時始去。八弟來談，同啖蔣夫人所貽之荔枝。近日啖荔枝已近百顆矣。旋希聖來談青、民兩黨合作之障礙與打開。兩接岳軍電話，又接雷震電話，語言不清晰，青年黨態度極頑強不合理，恐尚僵持。十時卅分希聖去。十一時十分佛觀來，與之詳商香港出版宣傳等問題，並談軍事。十二時五十分寢。

6月19日　星期六　晴、涼爽　八十度

七時卅分起。今日氣候涼爽，精神至為安舒，惟目力模糊為苦耳。昨晚與佛觀兄等談話過久，不免耗費精神，然于精神感應上不無裨益也。早餐後上蔣公函呈一件，請星期一親臨中政會，並同日約見立委主要同志，說明外交問題之癥結。附舉報告與青年黨在滬商洽之情形。九時延陳醫官廣煜來打針，以蔣夫人所貽鮮菓分贈之。十時陳克文君來訪，談立法院及行政院之工作，出示陳之邁

君自美來函，談在美活動，不被大使重視，且外部有歧視之意，難免憤憤。余與克文相商，擬約其回國述職，談一小時去。雷儆寰君自上海來電話，報告與青年黨洽談，仍無進展。正午發致岳軍、鐵城等一電。馬叔平兄來談故宮博物院情形及季明先生近況，十二時卅分去。午餐後心境怡適，寄允默一函。二時午睡至三時卅分起。方希孔兄來談滬市治安及學潮等事及自身出處。託其攜寄滬寓菓物一簍。希聖來電話。六時九妹伉儷來訪，延其食瓜菓，並與談中大教育系情形及中國之鄉村建設，晚餐後始去。八弟來余處採訪消息，為撰發新聞三則。十時卅分希聖來談陳啟天談話要點，余託其回話，忠告切勿相迫過急。聞伯苓先生已允就任，蔣公以電話告余，甚為喜慰。又聞石志泉已允就司法副院長矣。一時寢。

6 月 20 日　星期日　晴　八十二度

七時一刻起。晨醒太早，又為腳筋極痛而醒，睡眠殊不足也。早餐畢，陳公洽先生來訪，知將受命長浙，出所擬名單見訪。任用唯賢，不分畛域，固亦可貴，然閩人、蘇人太多，終有違拂隔閡之處。余知其個性負責，不欲多言，唯盼教廳新任能注意學風與防止職業學生也。田炯錦先生來訪，侯君章先代見之，乃竟不及待而去，殊可惜。上蔣公呈二件，一為三民主義半月刊暫告結束，二為二十三日起請假七天。莫柳忱先生來談青、民兩黨合作事，並謂擬赴平避暑。焦易堂先生來訪，願得大法官。謝

耿民兄來訪，談新接國庫署感想。王惟英來，未遇。一時午餐，餐畢閱文件及參考材料。略睡即起。聞開封危急。又接本邑報告治安之信，情緒極趨憂鬱。李唯果兄來談，卅分鐘去。四時往訪季陶兄，其形容憔悴，以家事國事憂傷過度，見余流淚不止。嗣以兩事相託，即允為代辦。總統召見，趨官邸謁談二十分鐘歸。公洽又來訪，知浙省府名單確定矣。六時到達詮家，與亮公等研究大法官、考試委員問題。又電話與張司令增夫通話，託戴院長轉囑之事。四弟、八弟同來晚餐。約鄭彥棻兄商約見立委事，並談各委員會之情形。十時李唯果兄來談，送來浙省府名單，囑明日提會。與談戴先生病狀，甚以為憂。唯果十一時即去。公弼自滬來電話。與四弟談家事。十二時寢。

6月21日　星期一　晴　八十二度

七時卅分起。送出中政會之提案交繕寫。蘭友到京，以電話來告。又雷震亦回京，以車損壞，八時遣車接之來談話。知青年黨中常會仍不能轉圜，余以其他問題或可稍緩二、三日，而考試副院長問題，則必須決定，囑其去電話，務於正午答覆。九時參加紀念週，李德鄰主席，谷正鼎報告。與鐵城（亦今日來京，去滬已七日矣）、達詮談話後，即至總裁室謁談。十時十五分舉行中政會卅二次會議，李敬齋對開封軍事籲請增援；而鄒魯、鐵城、孫科、正綱諸人則對外交報告有質問，決組審委會審查對美對日應持態度；通過湘、浙、熱河省主席、平市長等之人

選。十一時三刻散會，蔣公即飛鄭州。余回寓處理文件
畢，一時到孫院長官邸午餐。彼等係商戡建會事，余與達
詮談後即回寓。達詮以為試院副長宜再詢青年黨。接雷震
電話，知青年黨有來電，何魯之決不就，但舜生電話，余
家菊有此可能。余即前往銓敘部訪賈景德先生，說明中政
會提案（一），青年黨午刻前，如未有覆電，則以賈為副
院長。今青年黨余氏表示個人可接受等語，再與賈略談諸
事，三時五十分始歸。洪陸東、劉百閔來訪，談鄭文禮君
事，謂其夫人堅不贊成退讓，深為不怡。余對鄭君，固以
道義相待也。子鏡、鍊才來，接洽中政會公事及人事，談
卅分鐘去。述庭又來談，僕僕殊可同情，惜仍未暇見之
也。六時卅分吳達詮來談，為考院副院長事，應電報總
統；曾、左、李有來電，即提余氏。即囑余擬電聯名請
示，即發出之。七時五十分晚餐，呼匠理髮，洗澡，今日
始感極度勞疲。適值停電，只能偃臥休息，與四弟談至
十時去。八弟來談一小時餘。閱宗教書數頁。十二時十
分寢。

6月22日　星期二　晴　八十二度

七時卅分起。聞開封仍固守中，城內大火，省府劉
書霖主席踪跡未明，有傳已殉職者。總統親臨前陣勗勉將
士。此何如時耶，乃京中仍以遂官為事，而黨派尚以名位
相持耶。思得其情，直可哀之至矣。早餐畢後，略閱文
件，核函稿四件。雷儆寰兄來告，李璜昨夜一時來電，青

年黨中常會決議，所提七點，煩速覆。在未協議前，對考
院副院長暫不提名。則如提出余家菊君，將大有問題，特
以電話告吳達詮君。達詮以為宜選提賈景德君，囑余電前
方告總統。十時卅分接陳醫來打針。彭革陳、鄧友德來談
新民報問題，約一小時。陳芷町兄來談政局及浙事，約一
小時。正午六弟來談申、新兩報股東會事。草草午餐後，
接周秘書由西安來電話，線路淆雜，語言不清，接談二十
分鐘，依然聽不清楚，僅告以此間只提賈景德君而已。想
十一時去電當亦可接閱也。六弟談至二時卅分別去。三時
希聖來談青年黨陳啟天有電話來，提及七點，商答覆之要
旨，囑其婉達。三時十五分舉行宣傳小組會議，交換意見
及互相報告，達二小時餘。余作結論，提供八點，請諸人
注意。旋討論例案二件，又關於紙張案一件，最後佛觀、
昌煥提供對時局之看法及對總裁之期望。余囑同人研究
後，以書面彙送余處。散會已七時餘矣。匆匆閱辦本日所
到之函件。七時五十分陳大齊君偕盧毓駿、張忠道二君來
訪，談選會同人不宜落選太多，余為剖陳事實上應注重地
域之困難，彼等極拘泥，至八時卅分始去。應鐵城之約，
於九時到中央黨部晚餐，商談對青年黨之七點如何實現。
僅到蘭、棻、少谷、啟江、厲生、儆寰諸人，對考院副院
長事，諸人意見不同，最後仍決定不提余家菊。對七點，
認為先應勸讓候補第一入手，餘酌覆之。十一時散會，約
儆寰過余寓，商定由彼覆李璜。十二時八弟及申報劉問渠
來，發新聞稿。一時寢。

6 月 23 日　星期三　晴　八十三度　夜車赴滬

七時卅分起。致蔣夫人一函，謝贈書，並討論人生哲學，對於宗教，願學焉而尚未能起信也。早餐畢，囑陶事務員購車票。整理函札，八時五十分往北平路訪亮疇先生，談大法官人選，約四十五分鐘。出至孫院長處，未晤，旋即赴于院長處（寧夏路），談監院情形及大法官人選普遍分配地區事屬為難，于先生頗注意於舊監委能多予入選（不論司法、考試兩院）。謂人才勞績均不可沒也。十一時往訪總統府吳秘書長，遇焦易堂先生，知其要索大法官甚切。焦去後，與吳君商談政、法兩院事。並告即去滬。十二時往訪孫院長，談立法院秘書處事及兩黨希望延攬為專門委員事。一時歸寓午餐。閱文件及參考資料，與翁院長在電話中洽事。小睡僅一小時許即醒。吳望伋君來訪。考試院秘書陳伯稼兄來談，告以總統選才標準，對外間流傳，囑不可輕信。伯稼釋然而去。四弟與之同來，即留余寓談家事。留致翁院長一函，以半月刊結束辦法交君章，並以小組金城存單交之。約洪蘭友兄來談，託代理中政會職務，並託共同努力於三黨合作之工作。留致蔣公函呈三件。八時囑陶副官送去。八時五十分唯果兄來談，告以政院方面對友黨連繫之要點，並留致翁院長一函，託其轉達。八弟來談，囑其發新聞二則。雷儆寰君來送行，出示青年黨各電，洽談至九時卅分始去。再留致鐵城一函，柏園一函，對于希聖則不及有所囑託矣。如此草草整理，余離京一週，當無困難。十時卅分赴下關站，四弟皓兒送

行。十一時車開，十二時就睡。

6月24日　星期四　雨　八十度

七時十分車過南翔即起。七時五十分抵上海北站，秋陽、良英、美誠來接，與秋陽同歸武夷路滬寓，允默已候多時，謂來何晏耶，即進早餐，秋陽略談滬市情形而去。幼椿、舜生、啟天來訪，對余維護合作之努力表示感謝，並商轉圜之辦法。希望：

（一）諸事院外協商；

（二）我方發表文告。

余告以各種疑難情形，請勿堅持，先解決立委，而啟天仍罔覺也。三君談一小時去。公展來訪，吳市長國楨亦來詳談處理滬市各種不能配合之情形及對「職業學生」搗亂之對策。彼誠不失為教育家之行政官也。各以所見相印證，談論許久。同鄉王新衡、王伯元、徐懋棠及胡繩系校長來，只能與之匆匆晤談十五分鐘，甚悵歉。六弟亦略談即去。滄波來訪。一時午餐，祖望來談，見其消瘦多矣。小睡僅合眼卅分鐘。三時起，閱函件。三時十五分到新聞報參加臨時股東會，通過增資為百億元，董監事由陸守倫提議連任。接開董監聯席會，四時五十分會畢。往化學工業社訪友，未遇歸寓後，道藩來談，商宣克成事，即作一函與陳松年君。又致冠生、儆寰各一函，託寄去。蕘岑來訪，知祖範已到滬矣。潘公弼兄來談國民日報事及香港宣傳諸事。余對潘君有久遠友誼，但各方對其辦事不諒

解，與談時心境殊複雜不寧。渠卿姨甥、佐卿內侄同來晚餐。餐畢，叔受三侄來談家務，其親親之誼可感。閱新購之四部選刊。十一時五十分寢。

6月25日　星期五　晴　八十度

七時卅分起。盥洗畢，記日記，略進早餐。上海之燒餅每個價值萬元，其味勝于南京也。今日上、下午來訪之客：上午有詹文滸（報告新聞報業務）、沈宗濂（談美援運用應集中於戡亂，宜即派員往國外說明）、程滄波（談文化界情形）、陳松年（問候）及老同學范秉琳（商同鄉會中小學事）、張任天（談浙事，商就業）諸人；下午有朱經農（談上海青年運動及學潮與光華大學近事）、杜月笙（陳述維持秩序確保地方治安意見）、葉啟宇（問候談房屋事，詢時局）；夜間有李祖範（談香港情形及勸余攝生之道）諸君；而家人之來視者，有五妹夫婦、八妹母女、六弟及六弟婦、良英甥、協羣甥女諸人。君默、叔受亦曾來談。寓中竟日熱鬧，至夜十一時，六弟等始辭去。其間最使余感到興味者，即秦振宙小弟弟隨其母來寓，每語必自稱曰「貓」，小名毛毛，天真可愛。餉以楊梅及檸檬茶，對余極親近，甚可愛也。惟今日滬市物價狂跳三成，金鈔幾昇五成，投機商謠言夙起，余連電南京未接通，乃電吳市長，囑轉告唯果、顯光注意。夜間與八弟通電話，又與機要室張廷楨君通電話，為此一事，使余倍加忙碌耳。然仍忙裡偷閒，整理新購存之四庫選刊（商

務）子部、集部兩大部分，居然擁書千冊，亦可樂也。
叔眉兄送楊梅極佳。六弟婦饒肴饌均令余欣感者。夜間
客散已十一時餘，與旦姨、允默閒談卅分鐘，至十二時
十分就寢。

6月26日　星期六　晴　七十八度

　　七時卅分起。昨日滬市謠言紛起，市場混亂異常，
商人不知大義，徒以掀風作浪為事，物價高漲五成以上，
聞今日仍繼漲無已，滬市環境惡劣極矣。盥洗畢，閱報，
接雷儆寰君函。又接永熙來函。亦青表弟來信，為其子維
熊託謀事。九時五十分到香港路銀行俱樂部，舉行香港國
民日報有限公司之創立會。秀峯、希聖、同茲自京來開
會，叔明亦參加，出席股東約二十人，徐玉書君為會計顧
問，推鐵城先生主席，報告籌備經過，繼通過公司組織章
程。滄波、同茲、訓念、鶴言、希聖等均發表意見。旋選
舉董監事，一時散會。與希聖略談後，二時十五分歸寓。
福子甥女攜子來訪。三時到錢業公司主持為慈谿中學募建
築捐之茶會，到本邑同鄉約卅餘人，鄞、鎮、定同鄉約
二十人，徐戀棠、王伯元首捐十億，六億餘人分別認捐，
連秦潤卿先生等已認者合得百億圓。五時五十分散會，即
與荷君、叔眉同至福源莊潤卿先生家舉行校董會，仲肩、
威博、貞柯均到，申之、芝室兩先生託潤老代表，馮校長
報告校務極詳。旋通過二案：
　　（一）收支報告推葉、董二君審閱；

（二）馮校長辭職挽留，校務方面請蔡曾祜君多與
　　　協助；

（三）支校長薪之三成，作為津貼。

　　七時卅分散會，潤老備餐相餉。九時卅分盡歡歸。
十一時孫亞夫君來訪。十二時寢。

6月27日　星期日　晴　八十四度

　　八時起。昨晚睡眠稍足，然連日奔走開會，亦甚疲
乏矣。永熙自慈谿來滬，詢知憐兒安好。八時五十分葛祖
蘭君（錫祺，前澄衷中學教務長，慈谿東鄉人）來訪，不
見二十年矣，談卅分鐘去。陳修平兄來訪，青年黨仍堅持
以立委問題為轉圜關鍵，談一小時許始去。旋趙祖康君來
訪，談交大學潮及處理意見。趙君去後，覇兒、棣棣兩姪
來寓，請其吃鄉間寄來之楊梅。十二時陶希聖兄過談，
十二時卅分唐乃建兄亦來談（彼方巡視贛、閩而歸也），
互談對經濟風潮與民生政策之意見。十二時五十分到同華
樓午餐，係顯光所約，到滬新聞界諸友，啖甬肴極甘美。
二時卅分散席，往訪公展於申報總主筆室。三時申報舉行
董監聯席會議，報告社務，追認召開股東會案。四時卅分
接開臨時股東會，報告一年來之情形，通過增資後之公司
章程，決定董監連選連任。六時許散會，接見申報記者吳
嘉棠君，談麥克阿瑟對美對華之見解，知此君個性堅強，
而對世界趨勢與全局安危認識尚清楚也。七時到十八層樓
參加申、新兩報聯合敘餐會，到兩報高級幹部，並邀芷町

亦參加（芷町新補董事）。新之勸酒，為盡兩杯。八時卅
分到海格路望盧鐵城先生家開國民日報董監聯席會議，互
選鐵城為董事長，叔明、希聖、棣華為常董，仍請公弼擔
任社長。十時廿五分會畢，歸寓。秋陽來談。今日永熙宿
余家。一時許始寢。

6月28日　星期一　陰晴、下午微雨　八十二度

八時十分起。芩西老友來談，攜來先伯子為其先君
念祖先生家傳，囑為題跋，以留紀念。忽憶童卅時到洪家
之情形，忽忽四十五年矣，不禁感慨繫之。十時厲樹雄君
來談，對政體對人心，對國民外交等意見，歷時兩小時，
其所言多可深思者。此君有此見解，甚可感佩也。史美誠
兄同來，仍轉致李幼椿兄之意，囑為斡旋。十二時秉琳來
談（攜子元弼同來）安心中學事。俞佐庭兄來訪，談四明
銀行事及同鄉會事。旋即與秉琳接洽校務。一時十五分
客去（留洪、范同餐，均堅謝而去，謂多談將妨君午睡
云）。細兒今日來寓，午餐畢，與之談話。外孫大超已滿
六個月，白皙可愛，其性質亦文靜。午後小睡卅分而醒。
三時約王新衡君來談，託李祖範兄之事。三時卅分魏伯楨
君來訪，談軍事、政治、經濟等及滬上人心動向，頻頻問
蔣公知之否，余答以那得不知，但中國太大，人心至複
雜，無真知團結救國者為患耳。孫鶴皋君來訪，亦加入談
話。孫君即將去牯嶺，故未辭別。與孫、魏談約二小時半
以上。季俞來見，為介紹于董希錦兄。七時客去後，草草

作京函兩緘，分致蘭友、道藩諸兄，託六弟攜京，即送。
今日福清姪亦攜小孩來訪。八時到哥倫比亞路三姪家晚
餐，到六弟夫婦、八妹母女、積卿、永常等多人。永熙亦
被邀同餐。十時餐畢，攜大哥文稿歸。今夜細兒宿余寓。
十二時卅分寢。

6 月 29 日　星期二　悶熱、雨　八十四度

八時十五分起。余自昨日起，因熱又患咳嗽，今日
似又加劇，甚為不舒。盥洗後，與細兒談家事，逗外孫大
超嬉戲為樂。九時支含芬君來談滬上商業及五金業與鐵行
情形，余勸其努力公益事業，勿忘家鄉利害。蓋支君之先
德極慷慨好義，支君亦輕財，故以此勗之。十時十五分何
西亞兄來訪，談申報諸事，允默代見之。十時卅分叔眉來
談鄉里事。十一時董君季劭及貞柯亦來訪。余以金省吾君
返京，囑呈送蔣公一函，並致雷震一函，均交金君攜去。
十二時貞柯先去，留季劭、叔眉午餐，暢談家鄉情形，知
我金川鄉各種義舉仍沿襲不廢，對衛生事業亦年年舉行治
疫，此皆季劭諸君之勤毅，甚可佩服。一時卅分客去小
睡。三時啟煦姪來談回鄉葬父經過。三時卅分細兒回去，
為子媗甥女題字。四時家珍宗弟來訪，談嘉慶生情形及其
子積祺之職業問題。柳亦青表弟來訪，託為其子維熊謀
事。中央日報社記者某君竟來採訪消息，余約略答之，笑
謂且請吃楊梅也。今日三姪及支含芬均送楊梅。秋陽來
談。良英甥亦來寓。託秋陽匯解慈中捐款。今日見客太

多，甚疲倦。七時卅分到中正中路葉啟宇兄家晚餐，為其
子女題字，十時卅分歸。悶熱，有陣雨，咳嗽加劇。十一
時卅分寢。

6月30日　星期三　陰雨　八十二度

　　八時十五分起。今日咳嗽加劇，喉音嘶啞，略有寒
熱之象，而齒牙亦浮腫，甚為不舒。上午除校閱大哥遺著
目錄外，只能偃臥休息。允默為余料理吸入熱汽之治療，
經十五分鐘之吸入，喉頭氣管乃稍覺滋潤，咳亦稍止。然
一小時以後，又復作咳不止矣。來滬僅短短七天，又間以
疾病，洵屬不幸之至。向午趙祖康君冒雨來訪，談交大
事，知黎校長照寰不願就任。啟煦姪再來談歸葬其父母之
情形。覺頭痛頗劇，草草進午餐畢，服藥小睡，約一小時
餘起。精神稍覺恢復。三時接蘭友兄自南京來長途電話，
囑轉促青年黨左舜生、陳啟天兩君于七月五日以前速赴
京，就農林、工商兩部之職，逾期即另派人，此事殊使余
難于轉述也。三時五十分吳市長國楨來談滬市諸事叢脞，
步調意志不一致，既未能作主，頗有堅決求去之意，談一
小時去。慶蕃弟來談滬上輕工業受物價變動利率高漲之影
響，經營甚感困難。交大程孝剛校長來談，根絕學潮之意
見，約一小時餘辭去。咳嗽又劇。三侄及辟塵來談。七時
卅分到六弟家晚餐，肴饌豐美，而余以疾不能多食。飯後
與六弟談話，並與陳通、懷頤二小孩笑談為樂。十一時卅
分寢。

7月1日　星期四　晴　八十四度

　　七時五十分起。昨晚咳嗽仍不止，惟喉管似已潤澤矣。盥洗畢，致青年黨李璜一函，措詞極費斟酌。又分致舜生、啟天各一函，略告致李函之內容及中樞希望彼兩人就職之迫切，然不及致李函之懇摯也。囑陶副官投寄，嗣知左、陳兩人均已赴京矣。十時李孤帆君來談，願任中信局與招商局實際職務。十時三刻俞叔平局長來談上海治安情形及經濟變動狀況。彼贊成宣司令鐵吾非常辦法之意見，言下似有所不滿于吳市長。余告以「澈底」與「草率」有別，不可打草驚蛇，徒勞無功。十一時十分雷儆寰君來談各黨合作事。彼今日去杭，定三日回京云。志成內弟來訪，談家務及身世。午餐後續談約一小時去。二時卅分小睡起，劉白閔君偕張國燾君來談。張君擬刊行一「創進」周刊，余極贊成之，與之縱談時局及國事，約一小時半辭去。成舍我君來訪，談在京規劃世界日報出刊之經過，論新聞自由，甚有見地。善卿、蕙性兩姪女來訪。傍晚製作一小簿冊，用金葉紙為面，贈郁長風外孫。致宋漢章、李子寬、胡政之、林黎叔、沈養厚諸君函。八時卅分晚餐，餐畢為苓西大兄題念丈家傳。秋陽、良英來送行，今夜偕六弟赴南京。十一時到站，十二時就寢。

7月2日　星期五　陰、下午晴　八十六度

　　七時二十分車抵下關站，君章來迎，即同六弟至湖南路寓（昨晚車中太熱，又震動顛簸殊甚，二時過蘇州後

即不能睡熟，幾於澈夜未睡）。因失眠故，疲憊異常，咳
仍未止，然稍鬆動矣。九時十五分王亮疇先生來談。十時
總統約見，詢在滬見聞及與青、民兩黨接觸之情形。余備
述滬上一般正當商人之懦怯心理，謂政府對物價宜有根本
辦法，不可操切，徒務枝節也。對青年黨問題，總統不主
張再有遷就，即文告亦謂不宜發，余以為應知己知彼，順
勢善導，談至十一時卅分歸。與希聖通電話。林彬來訪，
未晤談。秀峯來談調查局隸法部或內政部之問題。十二時
卅分略食稀飯，齒牙發炎，不能多食也。小睡至二時起。
希聖來談。莫柳忱先生兩度來談，為青、民兩黨合作事。
此老熱忱可佩。子鏡、鍊才兩秘書來，接洽中政會事。簽
閱公文十二件。豫籍立委及國大代表五人來訪，託君章代
見之。希聖來，略談即去。青年黨左、陳、余三君來談，
仍無先行就職之意。蓋其黨內癥結，希望總統或本黨有一
簡單文字發表，以解其結也。談不得要領。約一小時別
去（而柳老又來）。慈谿代表四人，為請領槍枝事來談
（其中吳宗德天台人，毛子惜奉化人，僅祥春為本籍人士
耳）。四君去後，潘公弼君來，接洽國民日報之事。翁詠
霓院長今日出席立法院後，過余寓談話，切望農、工兩部
就任事，七時卅分去。略理文件，約君章談話。八時晚
餐。九時民社黨孫亞夫來談。沙孟海兄來談蔣氏宗譜事。
十一時就寢。

7月3日　星期六　陣雨、潮濕　八十三度

　　八時廿五分起。昨晚實疲勞已甚，睡眠較深，晨六時卅分醒後，再入睡，乃始將一日晚間失眠補足之。然齒牙部發炎未癒，而骨痛亦未止，身心甚不舒也。離京七、八天，積疊之件甚多，九時早餐後，一一詳閱而處理之。致何仙槎市長一電，賀其去官，並邀南來一敘。同鄉李厚瑾君攜其女鄧壽，持芝丈函來訪，其所望者，乃為甬上三紗廠被法院以與敵偽合作事起訴，余不能斷此事之曲直，特囑君章代見而婉謝之。葉秀峯兄來訪，談四十分鐘去。十時卅分希聖來談青年黨內部矛盾情形。胡勤昌同學以謀事來訪，託祖望代見之。為青年黨問題，甚費考量，擬具談話稿及新聞稿各一件。十二時十分約鐵城先生來談，將談話與之商榷，承改二字核可，照發。一時午餐，餐畢，天時轉熱，疲甚小睡，至二時卅分起。忽又驟雨不止。士遠師來訪，談考選部、銓敘部問題。四弟亦同來聚談。五時士遠師去，與唯果通電話，請翁院長發表致左部長及陳啟天部長之函稿。昌煥來談甚久，彼對國事之熱心，至為可佩。果夫來電話，介紹王德溥為銓敘部，何其不憚煩耶。唯果來談，一刻鐘而去。與昌煥談至八時十分始進晚餐。核發資料室用費及研究委員薪津。八弟及申報劉問渠來談，交去新聞稿。九時卅分謝冠生部長來談。十時卅分道藩來談，出示井塘二函，談藝人訓練班事及小組存滬款項事。十一時五十分寢。

7月4日　星期日　陰晴　八十二度

七時五十分起。讀閱積疊之文件，分別處理，達一小時餘始畢事。日內豫東戰烈，魯中亦激戰中，大局安危所繫，惟視我將士之努力殺敵也。余與鐵城聯名之談話稿今日發表，自信對青年黨入閣問題必可收效。九時五十分考試院秘書長雷法章君來訪，談浙省政事，知新舊任移交極迅速而順利，皮作瓊仍在杭州云。楊玉清君來談關於三民主義半月刊結束之事。朱騮先部長來談考試院事及滬上學風之整頓事。朱君健談，而喜過問其職權以外之人事，竊以為不知本末也。王亮疇先生來談憲法第四十四條實行之方式（即總統遇有院與院間之爭執，得召集院長會商解決之）。蓋近日立法院不接受監院通過之監察法（另由立委提案，而退回原案，謂監察院依憲法無提案權），而監院不滿，決議休會，形成僵局也。亮公學術湛深，惜所見未免太過拘泥于法條，如謂：總統府所屬之國策顧問會組織法，亦必須由行政院長提出，而不能用總統府秘書長咨立法院秘書長提出。午餐後小睡起。閱參考件及各報。李中襄君來訪，未及接晤。三時卅分立法院副秘書長延國符君來訪，談卅分鐘去。覺其人甚明遠幹練。芷町來談總統府各事，並關切余之私人經濟，甚感其意。七時卅分接雷震電話，知青年黨決定加入政院，夜十時報告總統。十時卅分八弟來談。十一時就寢。

7月5日　星期一　陰雨、悶熱　八十二度

八時十分起。昨晚睡眠最深，而入睡時間亦久，清晨醒而復睡，蓋氣候潮濕太過，故身體易感疲倦也。八時卅分吳市長國楨來訪，談半小時。早餐畢，與蔣公通電話，詢陝西主席事，謂已告翁院長，決以董釗繼任。即向軍務局查詢履歷，往謁右公，報告此事，遂不及參加紀念週。九時五十分到中央黨部，與何敬之、王亮疇先生談話。十時十分舉行第三十三次中政會，蘭友兄亦自滬來京出席。蔣公親臨主席，何部長報告軍事畢，鐵城、健羣、超俊諸人貢獻意見，請開黨政軍檢討會，主席屬鐵城秘書長擬辦法。旋通過任命案九件。十二時散會，與蘭友兄等談滬上情形。一時歸寓午餐。君章來談社論委員會情形。接鉅鹿來函，述及貞柯壽辰紀念事。小睡至三時起，傲寰來電話，商民社黨立委問題。駐美使館二等秘書謝勁健君攜之邁及叔時函來訪，並帶來維他命丸及照片，談四十分鐘去。謝君愛國情深，外交界中不易多得也。經國、慶祥、宏濤三君來訪，談官邸組織及檔案整理等各事。經國並述其對黨的改造之意見，談一小時去。李超英兄自杭來訪，去官以後，擬仍從事於所學（財政）。傍晚接芷町電話，談考選部存廢問題，即為分別電囑道藩、彥棻兩兄在立法院中注意，勿予更張。六時乃建來談，七時卅分去。八弟、迫侄來晚餐。夜秀峯等三人來談調查局隸屬問題。十一時寢。

7月6日　星期二　雨、下午颱風　七十八度

八時十五分起。昨睡尚酣暢，晨起閱報，知北平市發生東北學生搗毀參議會事，學生竟有攜帶武器者，開槍傷警官警士二十餘人，警察還擊，學生亦死傷十餘人，平市宣布戒嚴。此舉必為有作用者之陰謀，念兩兒在平，不知彼等心中作何感想矣。為司法部調查局事，上簽蔣公，遣陶副官送呈之。並邀陳醫來注射傷寒預防針。九時卅分張鐵君同志來談，願赴香港效力。吳鍊才君來面洽公事，核簽政治會發文六件。十時江學珠女士來談松女中募捐事。徵余書畫，為寫一橫披，題婦學齋詞於其上。十一時卅分滇省立委羅衡、蔣公亮，監委段克昌及國代田鐘毅來訪，推薦滇人為銓敘部長，告以非余職權所及，對此等人士，只好以率直待之，不能稍涉敷衍也。閱函札文件。一時午餐畢，小睡至二時起。致默君一函，又覆中惠先生函。致芷町函。覆鉅鹿兄函。三時十五分舉行宣傳會報，到十人，交換消息與意見，通過資料室追加預算案及戡亂用紙分配辦法。七時十分散會，與希聖、佛觀詳談。佛觀忽萌消極之志，謂黨魂已死，百事都無是處，只有閉戶讀書，以期寡過云云。其悲憤幾不可遏。余與希聖竭力勸慰之，亦不能回其意。此君熱情慷慨，好學深思，若竟消極，殊失一臂助之人，為之悵悵久之。八時卅分赴官邸晚餐，今日宴請考試院院長張伯苓先生，由季陶、岳軍、詠霓、煜如、達詮、雷法章及余諸人作陪。九時五十分餐畢，岳軍與余留侍蔣公談話約一小時。岳軍談旅平見聞，

所言極詳盡。余報告宣傳方面之意見。十時卅五分歸寓，
思慮萬端，至十二時十五分就寢。

7月7日　星期三　晴　八十二度

　　八時起。盥洗畢，略進食，讀書一小時。九時十五
分方希孔君來談滬上一般情形及宣傳工作經費之募集辦
法，約三刻鐘去。洪彥直同學自滬來訪，攜來祖範兄一
函。十時約集濟時、芷町、慶祥、楚強、宏濤諸兄到寓會
談，商蔣公私人函札、電令及各種檔件之保管整理辦法，
由機要室第二局、第三局及官邸秘書報告經過後，相互交
換意見，決定原則十餘項，至十一時卅分始散會。十二時
往官邸，參加會報，今日除經常到會諸人加鐵城、驤先、
詠霓院長、內、法兩部長及乃建諸兄。報告各項情況畢，
蔣公留午餐，並對安定後方有切實之指示，盼黨員負責盡
職。二時餐畢歸。順道過劍閣路訪吳達詮秘書長，談考
選、銓敘兩部事，歸寓不及午睡。金問泗大使來訪，詢國
內情形甚詳，其談話態度絕似胡世澤、錢泰，亦可見其訓
練出於同源也。五時齊世英君來談東北同志情形，表示願
回鄉里工作。六時張肇元秘書長來訪，談立法院開會兩個
月來之感想。七時卅分出中山門往陵園延暉館孫哲生先生
之新建別墅延暉館晚餐，完全新型建築，環境幽勝，到賓
客九人。亮疇、鐵城、達詮、雪艇、詠霓、蘭友、唯果及
余皆曾任或現任之秘書長五人，笑謂今日可謂集秘書長之
大成矣。討論戡亂動員會之組織問題。席散後，又交換對

國際局勢及外交政策之意見，談話歷三小時，十一時始驅
車歸。八弟待於余寓，十二時去。四弟明日將歸里，為余
談鄉邑情形甚詳。今夜四弟極健談。一時就寢。

7月8日　星期四　晴　八十八度

八時卅分起。颱風已過，梅季將終，今日氣候驟見
悶熱。室內溫度達八十九度，疲憊殊不可耐。長夏將至，
工作又繁，為之奈何。九時一刻任卓宣君來訪，談彼所經
營之出版業，盼望宣部撥紙援助。談文化運動，約卅分鐘
去。田培林次長將赴北平，特來話別，詢余對學潮方針，
余謂一切應尊重傅總司令之意旨。陳銘德、彭革陳二君來
訪，余不欲親晤，囑君章見之。亮疇先生來談最高法院人
選及他事。葉秀峯君來談調查局隸屬問題，余對彼之工
作，貢獻改進之意見。客去後，閱報，見中央日報社評殊
簡勁可喜。正午吳達詮先生來談半小時。一時午餐，餐畢
小睡約一小時許，流汗不止。周宏濤君來談聖芬之職務，
與經國意見。孟海來，攜蔣譜中總統履歷稿來商。旋雷儆
寰君來談，蔣勻田君亦同來談話。民社黨希望能再加立委
三人至五人，即出席立法院云。陳果夫君攜朱國材君來
訪，為保管公款事，余簽一陳澤齋之名交之。傍晚鬱熱煩
躁，腦力不堪使用，徬徨室內，甚感無聊。陳啟天君又來
談一小時許，要求以李璜為資政，並使青年黨立委問題之
解決，使余心緒為之紛雜。與端木秘書長接談，未通話。
濟時、芷町均有電話來商業務事。八時晚餐畢，出外訪

友，先至寧夏路谷正鼎君處，對今日之外交政策有所說明。繼往訪天放於漢口路，適聞赴滬未晤。又往訪岳軍於熊天翼之寓所，與談新民報問題，囑轉各川同鄉勿誤會而擴大。十一時雷震來談。致張君勱一函。十二時卅分寢。

7月9日　星期五　晴　八十八度

七時卅分起。送呈劉市長瑤章昨日來電一件，為報告石志泉到京事。彭君頤內長來談新民報停刊執行之經過及滬上時代日報事。彭君對事熱心負責，且留心邊境問題及國際局勢，與余縱談，良久而去。王亮疇先生來談最高法院夏勤院長之態度固執，堅不肯呈辭，亮公已決以院顧問相畀，而彼仍不欲接受，斯為極不可解者。實則夏君在法曹中名譽極不佳也。李祖範兄偕洪彥直弟自上海來訪，言將赴青島一行。何祖培弟持申報呈件來請蓋章，並為之介紹於徐柏園兄。十一時致達詮秘長一函，告民社黨、青年黨之希望。十一時卅分劉克儁、羅鼎兩君來談大法官問題。客去後，閱今日文件及參考資料。一時午餐，六弟及八弟同來。餐畢閒談近事及家務。接允默函。二時三刻到中農出席中常會，四時十五分會畢即歸。致翁詠霓院長一函。傍晚天氣熱甚，精神不佳，余居室偪仄，在炎夏室內作事尤不相宜。約兒、積迨、宜陵三侄來晚餐後去。谷正鼎君來談中幹會報移歸國防部事及最近工作情形與時局意見，約一小時去。謝冠生君來談二十分鐘去。今夜停電甚久。邵毓麟兄來談。十一時電燈再明讀書至十二時後寢。

7月10日　星期六　晴　八十九度

　　八時起。今日為比較清閒之一天，然天時驟熱，正午二時以後，室內溫度濕度均高，不能定心作事為苦。晨起盥洗早餐畢，囑君章與考試院及中政會、總統府等洽事，定星期一開中政會一次，討論試院及法院人事問題，並請何部長作報告，以振人心。九時卅分陳伯稼君來談，託其代詢陳大齊先生是否願任考試委員，並詢季陶夫人病狀。伯稼下午七時來作覆，謂百年先生無意於考試委員，如畀以總統府顧問，則可接受云。盧滇生君來談三個月來之狀況，知仍就任政院之顧問，有轉職之意。談立法院事，同深憂慨。玉清來接洽半月刊之事。十二時道藩來談宣克成經費事。一時總統約請五院院長、副院長、五院秘書長，余與達詮被邀作陪。二時卅分餐畢，余留談，報告數事。三時歸寓，未及午睡矣。子鏡、鍊才兩秘書來，核定中政會議案等件。四時五十分周煒力、沈維葭兩君來談。五時卅分史美誠君來談。傍晚閱文件及參考件，寄公展一函。八時卅分晚餐後讀各報國際新聞，尤注意於南共被譴責文之內容。閱宗教書心理學。十二時卅分寢。

7月11日　星期日　下午陰　八十八度

　　七時五十分起。盥洗畢，閱報，作函兩緘。九時到普陀路九號訪曾愚公，談政治、時局、教育及三黨合作問題。曾君健談殊甚，所陳述者重在振人心，正士氣，恢宏政效，體卹民隱，而對戡亂救國與安定秩序，尤有具體之

意見貢獻。獨惜其重視地位分配，殷殷以鄭振文、楊叔明必求政院聘請為顧問，斯為未達一間耳。談話約一小時四十分鐘，十一時歸寓。致翁院長一函。向午亮疇先生來訪，談司法院所屬三單位首長人選，對最高法院決准夏勤辭職，以謝瀛洲君繼任，餘二單位仍以舊人事蟬聯。十二時卅分到上海路合羣新村程頌雲先生家午餐。到右任、亮疇、鐵城、達詮諸君，唐薰南作陪，肴饌精美，自是湘人本色。餐畢，懽談廿分鐘歸。覆達詮兩函。小睡不及一小時起。閱文件及參考資料，延陳醫來打針。五時呼匠理髮。六時杭立武君來談教育問題，似對朱教長之用人略有不滿。客去後，開收音機聽音樂以自娛。讀宗教書十頁。閱周刊一種。七時卅分到中央黨部會餐，到賀、黃、鄭、厲、藩、蘭、雲、果諸君，商討立委勸讓問題。與少谷談宣傳事。十時偕唯果回寓，縱談宣傳及一般行政。十一時卅分別去，作致六弟函。一時寢。

7月12日　星期一　晴　八十八度

八時起。昨晚以天熱入睡太遲（三時以後方睡熟），今晨實感睡眠不足，兩眼枯燥，精神略倦。盥洗畢，已將九時，不及參加中央紀念週（聞今日由何敬公報告軍事，未往傾聽，甚可惜）。上蔣公呈件二件。致吳達詮君一函。十時到中央黨部出席中政會第三十四次臨時會議，通過最高法院長謝瀛洲及考選部、銓敘部長。總裁親臨主席，對本黨籍之立、監委有所指示。重點在外交、財政與

戡亂軍事。十一時散會，與聖芬、正綱談話。又與蘭友長
談，最後張清源君與余談商組織部交代事，余囑其應以谷
副部長意旨為準。十二時一刻歸寓。閱文件及參考件。八
弟來，發表新聞。滄波來午餐，傾談甚久。二時滄波、八
弟先後別去。二時卅分雷震來訪，出示民社黨張君勱君之
覆函，略談而去。接允默來函。四時到中央黨部參加檢討
會。五時卅分到總統府參加總統招待監察委員之茶會，總
統致詞，說明監察院提出法案之權，應由大法官會議決
定。並言大法官與考委之人選已費斟酌，各省區有未及遍
列者，實以職務與人才關係。張純漚、梁上棟兩君致詞後
即散會。與芷町、靜芝及吳達詮君略談。六時卅分歸寓。
七時卅分晚餐畢，熱悶無聊，又值停電，與皓兒同往介壽
堂參加中央日報員工同樂晚會，觀平劇「古城會」、「八
寶公主」、「伐子都」等戲。馬社長殷勤招待，實之亦來
看戲。十一時卅分歸寓。十二時卅分寢。

7月13日　星期二　晴、傍晚有微雨　八十七度

八時十五分起。盥洗甫畢，盧逮曾君來談，堅決不
願就考委，亦絕對不願辭去立委。一則藉口於當時選舉時
黨部未予提攜，二則藉口恐得罪丁先生，並問何不提王子
壯君，如此情形，吾人真不能再與論道義矣。曉以大義，
仍無所感動，為之慨然。旋劉詠堯（則之）來訪，談國防
部兩次長已為呈請以銓敘部次長任用，藉謀文武間人事交
流事項之實現，囑為沈成章先生言之，談卅分鐘去。十一

時力子先生來談于先生欲彼擔任統計長，彼決不願就。余謂此事總統亦知之，先生何妨即從于先生之意。力子告余曰，浙江人入政院者六、七人，外間已有指摘，我不樂繁劇，何必再佔一席乎。客去後，閱文件及參考資料。致允默一函。午餐後與君章接洽事務，彼請假明日赴滬。小睡一小時許起。三時昌煥、希聖來談。三時十五分舉行宣傳小組會議，除唯果、正鼎外，均到會，交換意見消息，集中於宣傳方針與注意重點之討論，決定指示案一件、經費案一件，七時始散會。七時卅分到天山路一三四號，應青年黨余、左、陳、楊之晚宴。鐵、厲、翁、震均到，杰、藩中途退席，交換關於兩黨合作之問題，與舜生談甚久。十時卅分歸寓休息。十二時就寢。

7月14日　星期三　雨　八十度

八時二十分起。盥洗畢，閱各報，知兗州戰爭激烈，太原外圍匪勢亦猖獗，前方將士作戰之艱苦，可欽可念。九時卅分到官邸謁總統，談：

（一）總統府副秘書長事，

（二）審計長問題，

（三）國策顧問委員會之主任委員（總統擬畀予張岳軍）。

十時二十分出，往訪岳軍先生於其寓，談彼之職務及出處。彼將赴滇一行，並擬在暑期到日本作個人訪問，為對外便利計，彼意以暫不擔任總統府職務為上策。又奉

諭詢彼對于副秘書長之意見，彼意許靜芝可任內政次長，以芷町為適宜。又談美援中之農村復興與平民教育部分，彼此均感此事之重要，談一小時許歸。匆匆閱文件及參考件，十二時到官邸，參加會報。鐵城以外，均出席。對建立秩序、安定社會、各人均發揮意見。會餐後，至三時十五分始散。接力子電話。又接儆寰電話，知大法官僅通過十二名，約五名（其中青年黨二人、民社黨一人）未獲同意云。回寓後，小睡至四時起。總統來電話，詢余訪問岳軍之經過，即報告大法官同意之結果。四時十五分雷震來訪，謂友黨所提之考試委員再不可有波折，即以電話與鐵城商之。六時傅仲芳署長（前九十九軍軍長，抗戰及清匪有功，浙江蕭山人）來訪，陳述軍事改革之意見，並有意回浙江擔任剿匪任務。其人甚坦誠，惜身體稍弱耳。程滄波兄來談立法院事，晚餐後去。九時史尚寬君來談，對大法官之落選甚表憤懣。謂監院中有王冠吾等蜚語中傷，謂其制憲時不利于監院，所言毫無根據，竟發生影響云云。苗培成君來談，知近狀甚困迫，切望得一考試委員。十一時八弟來談。接允默自滬來長途電話。十二時卅分寢。

7月15日　星期四　雨　八十四度

八時起。今日氣壓甚低，濕度極重，筋骨酸痛又作，疲憊殊甚。八時卅分約張忻康君來談，託其辦理宣克成定存接洽之事。延陳醫官來打針。阮毅成君自杭過滬來

訪（九時許來談余因之未出席常會），罷官以後，擬改入文化界或外交界做事。余勸其入申報擔任主筆，蓋以秋原葉君病逝以後，申報迄未補人也。談一小時許而去。吳達詮君來訪，談大法官應補提何人，彼意可另提蘇籍夏勤及黔籍之楊鵬，謂即宜決定，並催友黨提人。如此匆遽性急，余殊不敢苟同。彼言次頗有擺脫總統府秘書長意，則亦無怪其不耐繁劇也。十一時與雷震通話。陳凌雲君來談監察院情形，並請出國考察，余告以此事無能為助，詳述此時不應多耗外匯之理由，彼折服而去。閱文件及參考件，並核發函件多件。一時午餐畢，閱報，小睡未成眠，二時即起。閱王宇高所編總統大事年表，覺應修改之處甚多。陳大錫（伯稼）君來訪，談季兄出處及百年先生事。覆允默一函。接明兒一函。並與樂在電話中接談一次，不勝舐犢之情。四時卅分往訪亮公，談大法官之事。亮公考慮極周密，而態度安詳可佩。五時卅分到中央黨部出席中幹會報，晤汪道淵君（自北平來）、阮更生君（自昆明來），聽其報告兩地學潮情形。繼討論要案，八時許始散會。回寓一轉，到果夫家晚餐。到顯光、雪冰、道一、道藩諸人，商廣播節目改進事。至十時卅分始回寓，閱續到函札。今日監委投考試委員同意票，竟退回九人，其不近情理可駭、可嘆。研究申報寄來租地之契約，覆西亞函。十二時卅分寢。

7月16日　星期五　晴　八十九度

七時五十分起。今日天氣晴朗，最為悶熱，而賓客之多，思慮之紛擾，亦以今日為甚。未及傍晚，即感不能支持。此後氣候愈熱，精神勢必愈衰，自顧孱軀，不堪任事，奈何奈何！八時卅分往考試院訪張伯苓先生，談考選、銓敘兩部之事，兼及考試委員落選問題。九時卅分往官邸謁蔣公，述前日與岳軍談話經過，並商大法官及考試委員應如何另提之問題。蔣公今日似極忙碌，其內心之繁憂溢於言詞神色之間。十時辭歸，雷儆寰來訪。王子壯、狄君武來訪。沈士遠師來訪，謂考試部盡易新人，則個人精神與生活均大受影響，言之異常迫切，余無術轉旋，心中至為戚然。容去後，幾不能定心作事。研究申報來件。蘇監委四人來訪，亦無心接談也。一時午餐，六弟來寓，餐畢與之長談政局，兼及家人瑣事。侄孫道用，文筆斐然，以貧輟學，求助於余，與六弟商量，亦不得一安頓之法。三時六弟始去。鍊才、子鏡兩秘書來談，處理中政會文件七件。吳國楨市長來談滬上諸事，約四十分鐘。平警備部辦公室主任汪道淵來談北方及平市情形，約一小時。唐乃建君來談京中近事，與兩調統機構之關係。言次頗露消極引退之意。力子先生來談審計長問題及于先生私人生活事。工商部陳啟天君來談，其言多而牢騷殊甚，以立法院對工商機構裁併甚多也。八時曹聖芬秘書來談個人之出處，並送來講稿三篇。八時卅分到官邸晚餐，與趙仲容君同餐。餐畢，蔣公與余研究中共所提新政協之問題，囑與

唯果等共同研究。十時歸，坐月下庭中稍憩。劉百閔、杜佐周、阮毅成來談，十一時卅分始去。十二時卅分寢。

7 月 17 日　星期六　晴、夜有陣雨　八十八度

七時卅分起。睡眠未足，醒後心思煩躁，強起盥漱，頗覺頭暈，其實藥力未退之故也。閱報畢，待希聖未至。八時卅分往寧夏路訪右任先生，談審計長問題。右公允於二日內提出。九時十五分至北平路訪亮疇先生，談大法官及考試委員再提名問題。亮公亦以監院如此態度，考試委員僅通過十名，不同意者達九人之多，再提殊無把握，謂將就法律觀點研究之。雪艇適亦來訪，亮公與之同談對日和約之問題。九時三刻到考試院訪伯苓先生，談考選部政務次長事。余極力推薦士遠先生，而伯苓先生之意已別有所屬，退就雷法章秘書長詳談四十分鐘辭出。擬往四弟家視幼侄未果也。十時卅分後閱文件及參考資料，與力子先生及驪先通電話，與中政會秘書處約明日再定開會與否。十二時卅分李季谷廳長（浙教廳）來談浙省教育情形及台灣近狀。一時客去，午餐。餐畢閱報。近日柏林情勢緊張，而晉中及襄陽等地戰鬥亦烈，瞻顧時局，可為杞憂。逆知中共之政治攻勢將有加無已也。三時二十分倪炯聲君來談，少年人熱中名位至此，時為之歟？希聖、唯果兩兄來，與談對付中共新政協宣傳之方針與辦法，請兩兄詳為研究。五時約陳醫來打針。五時卅分亮公來訪，對大法官及考委謂可緩提。六時到劍閣路訪達詮秘書長，談洽

久之，而歸。士遠師又來訪，老境若此，洵堪同情，觀其
談話過多，知腦筋不正常也。陳伯稼君來談，為戴先生不
能就國史館事，余託其疏通陳念中君，不知有效否。夜接
希聖兄來函，讀之代為惆悵。八弟來談，慰余寂寥。十二
時寢。

7月18日　星期日　晴　八十六度

　　六時五十分即醒，七時十分起。研究申報館租地契
約，簽註意見，函覆展兄，並致杜董事長一函。八時五十
分仲肇湘君來談立法院近狀及考試委員落選之經過。九時
卅分石志泉副院長來訪，談民社黨問題及彼對於大法官行
使職權之意見。石君係羅文幹任法長時代之次長，其見解
不免稍趨陳舊，但究屬書生本色，希望其與亮公能合作
耳。彼係朝陽學院院長，此與亮公之統系不相謀。沈成章
君來談浙省交卸事，悻悻之色，情見乎辭，殊怪其器量不
宏。又談考試、銓敘兩部問題，益覺此君老於官途，工於
官術，甚矣求才之難也。約陳醫來打針。十一時謝瀛洲君
（最高法院院長）來談，余以政、法貫通之理向之陳述，
謝君似能接受。與佛觀談香港宣傳事，約一小時。接希聖
來函，多危苦抑塞之詞，有心人處境如此，為之不怡久
之。一時午餐，餐畢覺心跳神疲，此現象已兩月不發見
矣。小睡多奇異之夢，自覺此一百二十天實太過緊張，亟
宜收斂休養。二時卅分午睡起後，決定謝客，僅以電話與
中政會取聯絡而已。閱文件及參考件，核發去函十件，親

書箋函二件。五時後精神稍佳，致允默一長函，似覺文思無滯。又致皋兒覆函，為介紹于杜市長。六時五十分迨侄、宜陵、思佛、綽兒來寓，與同晚餐。餐畢，攜皓兒及四侄同游後湖，到音樂廳賞樂曲「維也納森林之夜」。散步公園，月光如水，啜茗閒眺，心神曠逸，此游殊可樂也。十時五十分倦遊而歸。與約兒通話。十二時寢。

7 月 19 日　星期一　雨　八十度

八時起。今日下雨，氣溫驟降，值盛夏，儼如初秋，於人體則免酷熱，於農田影響不好，甚望不致成水災。蓋長江水位已高，而上游又繼續下雨，殊可慮也。早起盥洗畢，于右任先生過談審計長問題，謂邵先生既不就，只有如總統意，仍請林雲陔先生擔任，其意似欲以總統決定塞競選者之口。余答為尊重憲法規定之統屬問題，仍請于先生備一私函與總統。客去後已九時十五分，不及參加紀念週。閱報畢，改講稿一件，作函一緘。十時到中央會議廳，出席卅五次中政會。各委員對外交、軍事與總動員均發表甚多之意見，結果決定交鐵城先生約集之小組研討。通過考、銓兩部政次，大連、青島市長人選，一時始散會。歸寓午餐。餐畢，閱函札文件及參考件，答覆官邸辦公室之件，即繕底一份後送去。小睡至三時卅分起，阮毅成君來談進申報事，十五分鐘別去。四時卅分張忻康兄來談，田培林次長來詳談北平學潮之情形，與昨日汪道淵所言者相似，但對北方現局及負責人如武鳴、瑤章、惠

東、鑄人之看法則互有出入。甚矣，判斷是非排除成見之
不易也。鍊才、子鏡兩秘書來，處理設計局與考核會移交
之件，約一小時始去。七時五十分晚餐，餐畢研究大局與
宣傳。君章今日夜車到京。辟塵來談家事。申報記者張明
來訪。九時卅分與陳啟天兄通話，十時李唯果兄來談宣部
今後之業務及行政院情形，並及私人進德休養之道，所言
甚長，至十一時卅分始去。閱宗教書。至十二時寢。

7月20日　星期二　陰、下午雨、晚間豪雨　八十度

　　八時十五分始去。近日殊貪睡，想係心神過分疲
勞，而天氣太涼所致。自襄樊棄守，康兆民行止未明，共
匪大造謠言，余等之判斷，則康君性行忠烈，必自戕以殉
職，匪方或掩屍沒跡，播謠惑眾而已。懷念大局，慨憤無
已。接陳醫來打針。上蔣公報告三件：

　　（一）介紹李季谷、謝瀛洲謁見；

　　（二）送共匪關於南共事之譯件；

　　（三）二十二日起擬請假五天。

　　十時雷儆寰君來談監院情形及友黨希望各派人員院
外協商事。約蔣秘書君章來談，準備下午小組會議各事。
為皓兒致駐奧公使沈士華一函。午餐後已一時，聞立院對
預算挑剔殊甚，鄭彥棻君攜憲法來談制訂「緊急命令法」
之必要，不然將使總統暫用臨時條款，余深以為然，即函
告翁院長準備，並電話約林彬自滬來京。知彼以家人有
病，不能來，甚悵悵。因是午睡未成。三時希聖來談，送

來文稿。三時卅分將關於官邸辦公室之件送回蔣經國兄，簽註意見，以備酌核。三時卅五分舉行宣傳小組會議，黃少谷部長首次到會，教部田次長亦到。各方交換見聞及意見，發言熱烈，而意志集中，余為作結論補充之。至七時三刻始散會。接芷町、實之電話。立法院正、副秘書長來談。下午開會，各委員情緒激越過份，對孫院長有失禮之處。又談立院秘書處困難情形。彭昭賢部長來談出版法事及內政部常次事。八時五十分應邀到官邸晚餐，六弟來寓，匆匆未及與談。在官邸將各種情況報告蔣公，對余請假事，蒙核准，對工作並有所指示，命往訪孫院長、林雲陔，擬以雲陔為審計長也。十時卅分歸寓。八弟來談。十二時寢。

7月21日　星期三　晴　八十四度

七時卅五分起。今日氣候尚涼爽，向午轉熱，余精神漸感不支。又聞立法院中種種矛盾衝斁現象，對預算固不作照顧全局之審查，而已列預算之法案，事後又不為之通過，如此立法機構，不知將使中樞困難陷於如何不可挽救之境地。院內多數均為國民黨員，對他黨及社會之觀感，亦毫不顧及，洵可慨嘆。閱報知韓國新政府已依憲法產生，李承晚當選為總統，然聞金九不擬與之合作，韓人之命運可悲。返觀吾國，則又不暇為韓人悲矣。與達詮通電話，知審計長已提立法院徵同意。十時後研究共黨「新政協」之同意與對策。略閱希聖所擬文告，因函件眾多繁

複，遂亦置之。芷町來長談一小時。此君對余友誼益增親
切，其識解氣度亦更見恢宏通達矣。十一時五十分謝然之
君來談，即與同車赴官邸，參加會報。一時開始討論：

　　（一）宣傳要領；

　　（二）華北局勢；

　　（三）學運；

　　（四）總動員；

　　（五）廣播之改進。

　　一時卅分同進午餐，餐畢與蘭友及詠霓長談約五十
分鐘。三時歸，小睡至四時十五分起。約皓兒來談，以沈
士華君函付之。傍晚熱甚，接韋眉君來函，甚感其殷殷念
舊之誠意。致允默一函，附去組羣女士一函。八時晚餐
畢，實之來談國民大會若干代表之搗亂情形及立法院內部
凌亂之狀況。電燈停熄，室內殊悶熱，實之久談不倦，至
十一時餘始去。致七弟一長函。覆韋君函。又核改陶君所
擬文稿。十二時五十分寢。

7月22日　星期四　晴　九十度

　　八時起。今日決定夜車赴滬，小休兩三天。以明、
樂兩兒南歸，樂兒已兩年不見面，而次孫女瑜華、三孫女
重華亦隨母來滬，擬於週內入川，依資中母家而居，余尚
未見孫女，頗頗念之。且近月實太疲勞，必須將環境變換
一下也。整理積件，將陶君所撰駁斥中共對南共譴責決議
之文告再度核閱，而斟酌修潤之。十時延陳醫來打針。芷

町兄再來訪，謝余保薦其為副秘書長之意，但謂處此上下交爭地位之時，實不願居繁要之職，為個人計，固樂得清閒自在耳。沈宗濂君有呈總統件，擬出國協助促進美援，為加簽註送第二局轉呈。十一時五妹來訪，與之談話，工作遂中輟。午刻六弟、八弟均來午餐。餐畢談一小時許始去。接約兒來信。三時陳岱礎參事來談駐蘇五年之觀感，又約一小時。其餘賓客只得託君章代見矣。閱函件及參考資料。核發函稿六件，致中政會秘書處一件。民社黨代表約晚餐，辭謝之。修改唐振楚記錄之講稿四件，七時五十分完畢。孟海來談蔣氏宗譜凡例及家譜記載，約四十分鐘去。九時晚餐畢，致港友兩函（公弼、華波），整理物件。十時卅分偕六弟同車至下關站赴滬。十一時卅分寢。

7月23日　星期五　晴　八十八度

六時早醒（車中覺太涼，起呼陶永標取衣易之，遂不能睡），闔眼假寐，七時廿五分車過南翔起身盥漱。七時五十分到站，明兒、樂兒、霸兒來迎，秋陽亦來迓，同車至惇信路寓。一進門，則次媳邱永超攜孫女瑜華候於客室，命瑜華呼「爺爺」。此時心緒喜悅，洵所謂稚子候門矣。旋永超又抱三孫女重華來見。瑜華玲俐而性情躁急，且善哭泣，絕類乃父之幼時。重華甚安靜，有耐性，亦其環境與養護教育不同也。秋陽略談四明銀行情形即去。明、樂兩兒先到六弟家一轉，九時後歸寓，與鎧兒、永熙均集余室，談笑久之。明兒與去年相同，樂已將兩年不

見，面部略瘦，忽謂將改入數學系，余知其在學校為活動
分子也。今日決心休息一天，不出門，亦不見客。正午四
弟來談。午餐畢，余小睡一小時餘。四弟在余室寫信四
緘，均為鄉里事，其勞可念。五時卅分六弟亦來，同談鄉
里學校諸事。六弟送來申報參考電多件，閱之多與在京所
聞有出入。八弟六弟去，余以電話候蔣夫人起居。晚餐後
四弟亦去，與旦姨、允默、五、六、七三兒納涼於二
樓前室之陽台上，笑言無拘，頗得天倫之樂。十一時
卅分就寢。

7月24日　星期六　晴　八十九度

七時卅分起。瑜華來余室，逗弄而撫玩之。此女頑
強不聽話，然眉目間可斷為天資聰穎，絕似乃父幼時，且
為我初見之下一代，故不禁愛憐之也。九時俞樵峯先生來
談四明銀行總經理辭職事。樵峯主張堅決挽留，欲余同為
勸說。十時小朋友秦振宙君來寓，適有客來，未及與之談
話。秦見余呼陳伯伯，甚親近余。余亦喜此兒天真爽朗。
十時十五分沈宗濂君來談幣制改革及金融經濟管制，政府
應速有決策，如再遷延兩月，則危機更難挽救，余為電陳
於蔣公，即託市府發電。十一時到賈爾業愛路九號訪蔣夫
人談話，對總統暑期如何節儉憂勞之問題有所商榷。夫人
以為軍事、財政、經濟問題，總統宜握其重點，此外凡一
時不能解決之問題，不可再紛擾其思慮。此語與余日前所
陳述者同也。夫人近日又患失眠之症，且關心時局，憫念

同胞困苦，似有甚大之憂思。向余談宗教哲理，出讚美歌
（中世紀之祈禱文）一首，囑余翻譯為中文。余謂此歌詞
二日前在火車中已誦讀三遍矣。談約一小時辭歸。十二時
卅分午餐，餐畢閱報，與諸兒閒談。葉炳發甥來，託謀職
業。彼習化學，擬轉入化學工業界也。二時卅分俞佐庭君
來談，堅決求去，有其不得已之理由。三時三刻應樵峯董
事長之約，到白利南路俞宅與潤老等談四明銀行問題。五
時十五分歸，三姪、沈賢成君、良英甥、善卿姪夫婦、挈
女錦屏同來訪。盤桓至七時卅分始去。今日六弟生日，邀
余夫婦晚餐。八時與允默挈永熙同往。允默胃作痛，良久
始癒。十時卅分歸。十二時就寢。

7 月 25 日　星期日　晴　八十九度

八時起。到滬以後，撫兒弄孫，暇則與親友接談，
腦筋中更無政界情形纏繞，環境一變，心情便寬舒得多。
四弟昔日勸我百事看得混沌一點，這話有一半道著我的病
源，但我絕不能殘忍到「獨善其身」，遺世玩世的程度。
此次來滬，只是調節一下緊張的神經，使我假滿回京，再
有活力能隨分盡力而已。二十四年入蔣公之幕後，早已準
備將此身獻諸國家，今如此可改變初衷乎？九時澤永甥、
郁文、華娓二甥女奉其老祖母來訪，不相見者十五、六年
矣。老人八十二歲，猶聰強如昔，對余慰問備至，心極感
之。秋陽來談甚久，囑其切勸俞佐庭打消辭意。何西亞兒
挈眷來訪，舊友情深，亦使余心感。周佩箴君來訪，尋問

消息，探究政局，此人語言無味，則只得以敷衍態度淡漠
待之矣。午餐時，食溫泉麵，餐畢，與內子兒輩談家常。
小睡至三時許起。志飛姪來訪，與鎧、明、樂三兒及建極
內侄作「組字」之戲。公展來訪，談申報事及滬市經濟變
化之對策。滄波來訪，與之商量文字，並勉其努力進德。
謙五弟來訪，深憾客多，未得與之詳談也。讀宋人詩集。
夜集家人於一室，笑談移晷，至十二時就寢。

7月26日　星期一　晴　八十九度

七時五十分起。上午秋陽來談四明銀行事，約一小
時。下午卜少夫君（申報副總編輯）來談時局，與轉移風
氣、革新政治之道，約一小時餘。傍晚徐蔚南君來談滬上
出版界情形與青年心理等，並述其個人最近對於寫作小說
之心得，陳義甚高，持論亦新穎，談一小時餘而去。今日
除此三友人外，余概未見他客，決心保留此一日為家庭歡
樂之日。命明兒購備餐肴，午晚兩席，均有極豐盛之肴
饌。遣車接細兒來寓。十時卅分細兒攜外孫大超來，大超
生滿七個月，白皙豐碩，而性情沉靜，漸解人意。孫女瑜
華二十個月，重華四個月。瑜華亦活潑可愛，惟性情倔
強，有幾分像元發。重華則馴靜異常兒。三小孩聚處一
起，余周環撫抱，不覺大樂。中午敘餐，飲酒一杯。下午
約啟煦侄來，為我全家拍照，惜泉兒全眷在美、皋在津、
皓在京、憐在慈谿，未得與也。五時嚴甥君默亦來，五兒
積鎧公畢回家，乃更攝一影。晚餐後又懽談一小時餘。秦

夫人嘯月攜女明華及幼子振宙來余寓。振宙與余感情極好，以玩具贈之，向余稱謝，極有禮。秦府家教極優良也。十一時細兒去，余坐露台納涼。十二時寢。

7月27日　星期二　晴　九十度

七時十五分起。近日已入中伏，正是盛暑時期，但滬上早晚仍極清涼，室內僅八十四、五度，余頗疑所用之溫度表已朽舊不靈。然今年各地多雨，又有颱風，夏令一般溫度當較往年為低，於人身則免酷熱之苦，但農作物必受影響。人禍如此，若再有災歉，則吾芸芸同胞何以為生，念之慨然。早餐畢，陳旭君來談。九時卅分往訪俞佐庭兄於張家花園七十二弄二十一號寓所，與之談四明行務，勸其繼續負責，不可言辭，並代表樵峯、潤卿兩公致意。佐兄與余詳談一小時，卒允所請。十時卅分辭出，過市購菱蕉糕而歸，分與諸兒及孫女分食之。秉琳老友以電話致候，未能約其來談。在寓靜坐，閱書自遣。午餐時，覺熱甚，餐畢小睡約一小時。三時到四明銀行出席董監聯席會議，晤玉書、棣華、叔明、苓西諸友，開會歷二小時始畢。與潤卿、叔明兩君談洽公司各事。六時五十分送苓西歸後，即回寓。君豪、玉坤兩君來談申報編輯言論之方針。六弟來寓，霸兒、巽兒、棣棣同來，至晚餐時別去。夜食青蟹極肥美。餐畢，納涼於三層樓，忽鬱鬱不樂。閱雜誌兩種，讀宋人詩。十二時寢。

7月28日　星期三　晴　九十四度

　　七時卅分起。今日為入夏以來最熱之一天，流汗如
瀋，想南京必更熱悶不堪工作矣。原擬整理物件，並為蔣
先生校錄大事年表，備載入宗譜之用，乃上午賓客眾多，
下午室內炎熱，今日仍以游宕了之，此日足可惜亦不禁自
嘆頹廢無狀也。早餐畢，葉君來談調查局業務之困難，與
京中一般政況，約一小時。厲樹雄君來談一般政治經濟改
革之所見，並條陳對策，其所言亦有窒礙難行而易滋流弊
者，然大體均為觀察有得之言。以其於滬上實況原原本本
殫見洽聞之故也（實務家之言有足資採擇者）。厲君去
後，任秉道來訪，談五和生產情形及紡織業近狀。徐玉書
同學來談，詢時局趨勢，談卅分鐘而去。明明甥來詢職
業。向午叔眉、仲肩、季劭來訪，談家鄉情形。一時午
餐，餐畢家人出外打防疫針，余留寓，與明兒談家務，並
詢彼等在北平就學情況。三時允默等歸來。伯準來談四明
銀行事。傍晚福子甥女來訪，視瑜華、重華兩孫女。二十
餘年前，彼與皋兒均在童稚之年，今各兒女成群，不勝感
慨。晚餐已八時，餐罷納涼庭前之露台。呼水洗澡畢，俞
欽內侄來談彼研究佛學之經驗。客去後，與鍇、明、樂三
兒談家常之雜務。明擬轉入氣象系，樂擬轉入數學系。余
告樂兒，做學問宜有宗旨。十一時卅分就寢。

7月29日　星期四　晴　九十四度

　　七時十五分即起。憑窗閒眺，鳴蟬在樹，晨曦已

高，知今日天氣必甚熱也。原擬今夜車返京，茲展期二日，以長途電話通知京寓。上午秋陽來訪，託其接洽送瑜華母女三人回川事。下午葉啟宇君及徐瑞章君（謙五同來）先後來談。寄威博一函，憐兒一函。今日全日休息，任意游散，以舒心情。念回京以後，事務又將紛集，此時不能不預蓄精神也。晚餐後樂兒等購汽水來闔家分食之。偶因閒談，惹起不快。明兒發言激越，不講理性，可見北方學風惡劣，直是魔窟也。余老矣，不復能拯救兒輩，明兒他日閱之，當知余心痛極矣。十一時寢。

7月30日　星期五　晴　九十二度

七時五十分始起。昨晚睡眠充足，然心中鬱結未解，神思不快，畏與賓客酬酢，乃至不欲與明兒交一語。至中午，惆悵更甚，念天下之至痛，孰有過於父子見解相背馳者，況明兒幼時為我所晨夕教導以成者乎。上午為籌畫永超母女乘機事忙碌一小時。午飯後小睡一小時，起而讀哲學書，讀宋人詩以自遣。家珍弟、四弟、三姪、八妹均來訪。六時卅分到邁爾西愛路應申報之約，舉行業務談話會。景韓、叔明、鑄秋未到，公展以赴機場迎蔣公後至，余等與王堯欽、王顯庭諸君詳商今後業務進行之方針，而詠霓因事先行，至十時卅分談話畢，與六弟同歸惇信路寓。則四弟已赴八妹家矣。露台納涼卅分鐘。十一時卅分寢。

7月31日　星期六　晴　九十四度

七時十五分即起。今日次媳永超攜女孫瑜華、重華返蜀省親（攜往資中母家一年，待皋兒赴美回國後重聚）。五時五十分由積明、永熙伴送至龍華飛機場，乘中國航空公司機飛渝。以行李過重，幸得市府職員聶正年君到場協助，方得順利動身。可見現時行旅之難，非有熟人照料不可也。客票及行李費合計達三億八千餘萬，其數至足驚人。九時卅分明兒等歸寓，告已平安起飛，為之心慰。今日總統在滬寓休息，余不欲往謁，以分其精神，僅寓書蔣夫人問候，並附寄所譯之中古十期禱詞（Prayer, by St. Francis of Assisi）一首。原詞殊茂美，譯為中文，未能自然流轉，殊愧不及吳經熊君也。中午十二時，慶蕃、秉道兩君來訪，談一小時去。為致函郭恢吾君，介紹接洽承做軍用棉毛衫事。一時客去，午餐。餐畢與袁甥永熙長談，對其今後就業、處世、進學及憐兒謀業事，以余之意見告之。小睡一小時餘起。作函二緘。今日對明兒仍不無怏怏，未肯加以詞色。揆以父子不責善之義，殊不知何以自處。然時代如此，事勢如此，余亦何能免於心理痛苦耶。良英甥來送行，購菓餌相餽贈。飯後秋陽及六弟均來送行，十時十分動身到北站，十一時開車，即寢。

8月1日　星期日　晴　九十五度

六時卅分車過堯化門即醒，起而盥漱，讀書。七時二十分抵下關站，君章以車來迎，即與同車歸湖南路寓。見下關積潦未除，兩旁人家，在衛生上得毋大受影響。若再降雨，則有漂蕩之憂矣。車中與君章談話，詢京中近狀，抵寓後，記日記進早餐畢，披閱此九日間各方函札，分別裁答，交君章、祖望處理，凡二小時餘工作始畢。十一時到小紅山官邸，應總統夫婦之約，參加「基督凱歌堂」奉獻典禮。到亮疇、紀文、薛子良、杭立武、沈君怡夫婦等百餘人，總統致詞，說明緣起，由邵鏡五牧師講道，詞極圓融，又舉行聖餐、祈禱、誦詩歌，皆基督教儀式，讀余與唯果非教徒，而同被邀。蓋蔣夫人以余等喜研究教理也。十二時卅分歸寓午餐，五妹來我寓。午餐畢，與之談家事及四弟生活情形。楊子鏡秘書來接洽中政會開會議案及中政會人事經費等件。小睡至三時起。四時祖望弟、五妹乘車返滬。傍晚曹聖芬君來談。旋董顯光君來談。居室鬱蒸炎熱，略閱情報資料文件，目光又覺模糊，只得中輟。夜與皓兒談話，收聽音樂。閱吳經熊君聖詠譯義初稿，與原文對照，乃覺其譯事之精。十一時卅分寢。

8月2日　星期一　晴　九十五度

七時十分起。閱昨日未閱畢之函札等件。清晨室內溫度已達八十八度，較之上海要熱得多。今年暑天如在南京度過，則我將無法定心工作。因南京不比重慶，有南岸

及老鷹岩可以稍稍透氣也。因此想到允默怕熱更甚於我，殊不望其於月內回京。我雖寂寞一點，但何必使彼亦同來受鬱蒸之苦乎。早餐畢，研究黨的改革案。九時參加中央紀念週，與李敬齋君談浙東西之文化。今日典禮由陳慶雲君作海外黨務之報告，約一小時完畢。接開第卅六次中政會，通過人事案五件，對軍事報告，各委員紛紛發言補充，馬星樵之言論似是而非，李宗黃竟謂欲將諸種意見作成決議，余以中政會職權只在決定政策，未允其議，言語之間不免激越，其實乃有感而發，非對李不遜也。然負氣太過，亦是一病，以後宜痛戒之。十一時卅分接在第二會議室開黨部各單位首長會議，檢討五人小組所擬之黨務改革意見書，見解正確，然不免紆徐太甚，彼此交換意見。決定先付原起草人再整理。一時散會歸午餐。餐畢閱報後小睡，至四時許起。劉豁軒君（津益世報）來訪，談在美之見聞。五時約陳醫來打針。六時約兒侄來寓。六時卅分呼匠理髮。夜間炎熱更甚。邵毓麟君來談我國對日韓問題之方針，與對蘇之態度，約一小時餘始別去。閱書自遣。十二時就寢。

8月3日　星期二　晴　九十五度

　　七時卅分起。連日殊苦鬱蒸炎熱，實際室內溫度亦並不高，惟余畏熱之程度與年俱增。憶卅五年在滬在牯避暑，三十六年夏則在牯養痾，今年乃不得不於首都度此炎夏。在滬時，尚以為有此忍耐力，今回京三日，生活起居

心理狀況乃均受氣候之影響，失其定靜寧謐，而轉為頹廢煩躁，看事不能客觀，對人不能忍耐，獨居則悵惘萬端，出門又憚於酬接。乃至客來必託詞謝絕，其情形略同於卅四年夏秋之時，此亦足徵衰軀之不能復振也。上午八時五十分出席黨務座談會，到中委、立委、監委合四百餘人，對改革黨務，聽取各方意見，發言者十二人，多半缺乏信心。楊玉清君主取消總裁制，貢華主張黨內派系公開，獨無人指出黨員努力振作之途徑，亦無有以團結自救為言者，斯可為慨嘆也。十一時五十分會畢回寓午餐後，閱報。中央日報之論文略無鬆懈，甚以為喜。小睡竟達二小時，汗流如瀋。下午之黨務座談會不復能出席，囑君章前往旁聽。歸來相告，謂崔書琴、杜光塤兩君研究及于黨在現時應變之方向，謂戡亂則黨須增加鬥爭性，行憲則黨須增加普通性，此兩者不能偏廢，亦不能調和，必擇其一，則惟有加強戰鬥性。此洵為研究有得之言，有學問者之所以可貴也。今日下午除閱報外無工作。夜竺聖章君來談。皓兒自辟塵處攜人造冰來調飲料，以進其侍養之孝心，可感。九時洗浴後，百無聊賴，讀唐人詩，又取昔年回憶錄讀之以自遣。十二時寢。

8月4日　星期三　晴　九十四度

七時卅分起。九時赴國民大會堂出席黨務座談會，張知本先生主席，發言者十餘人，抨擊之詞意多，而具體改進之意見甚少。綜觀兩日來諸人發言之趨勢，則黨的解

組已無可諱言，蓋自信心完全喪失。談理論則拾黨外之牙慧，而不以為恥，談制度則抄襲二十年前在野各派之陳言，而不著痛養。至於各級黨部之不良，吸收黨員之未善，黨員互相砥礪之不足，以及犧牲精神之缺乏，皆無人探其幽隱，而陳改進之方。余冒暑聽講，實不勝其嘆惜。十一時卅分會畢，鐵城約中央諸負責（各部會）同志在國民大會主席室會談，下午如何作結論。少谷、彥棻所見較為扼要。一時卅分歸，汗流浹背。午餐後，不復能作他事。小睡一時以上。實之弟電話來告，謂子壯同志以心臟病暴卒矣。斯人不壽，悼歎何任。六時往琅瑯路祝翁詠霓君六十壽辰，謂余言，勉甫尊翁亦就養京寓，惜事冗未及趨謁致敬也。七時到中國殯儀館唁王子壯君之喪，知臨歿家況蕭條，與子弦、漣漪略談歸。夜河南籍黨員楊一峯、張金鑑來談，一小時去。十二時寢。

8月5日　星期四　晴　九十三度

七時五十分起。今日雖仍悶熱，而下午有陣雨，且有東南風，氣候較昨日為佳，然余精神疲滯，作事無力，且筋骨酸痛及頭痛之患（每日擦萬金油兩次）又大作，尤痛苦者，四周如有熱氣包圍，頗似置身於蒸汽鍋爐之旁，頭腦永不得清新，僅早晨九時以前略可看書寫字，此外光陰只能任其虛廢耳。目光模糊之患亦加劇，無異於去年初上牯嶺之時。今日客來，多無心接談。程天放兄、林可璣、史美誠、雷震四人先後來訪，均以疾辭之。上午為蔣

公校閱訓詞記錄稿一件，並簽呈對王子壯君請特贈賻儀。
此兩件囑陶副官專送之。中午闢塵來談，出示泉兒來函，
知彼等函札往返較勤，蓋余已匝月不接泉函矣。下午無
事，閱各報，對黨務革新之論評。並研究美援項下農村復
興之方案及其組織，蓋今日適為雙方換文發表之期也。六
時卅分江學珠校長來訪，擬約憐兒入松江女中任教，余以
憐兒體力未復婉卻之。晚飯時，約兒姪女來寓。餐畢，坐
露台上閒談。皓兒談出國事。十一時就寢。

8月6日　星期五　晴　九十五度

七時卅分起。今日天氣仍極熱，下午雖有微風，而
余居室偪窄不通風氣，仍汗流不止也。八時卅分到中國殯
儀館吊王子壯君大殮，如此忠良，一棺黃土，悼痛何極。
余於十六年服務中央秘書處時，即欽其為人，今不可再晤
言矣。九時出席農行第三七五次常董會，董事長因病未
到，余代為主席，對農業金融促進會修正規程，認為不切
實際，屬生兄亦以為然，決議保留再議，餘備案事項八十
餘件，討論案十餘件，均通過。十一時卅分散會歸。閱本
日各方函件及參考資料。十二時卅分午餐畢，整理宣傳小
組各件。小睡至三時許始起。四時舉行小組會議，除谷正
鼎君外，均出席（顯光、唯果未到）。並邀徐柏園君來談
經濟情況之展望。會中各單位交換意見，對加強廣播事業
事討論最久。諸人均熱烈發言，並初步通過剿匪軍事宣傳
及策略，仍交諸人攜回審閱，會議直至八時一刻始完畢。

會議中間，與鐵城先生通電話，請其聲明否認外電所傳黨務改革案之性質。夜九妹伉儷來談，二小時餘始去。十一時洗澡，十二時就寢。

8月7日　星期六　晴　九十六度

七時十五分起。今日天氣最悶熱（但余室內寒暑表仍為九十四、五度，其實不止此也）。下午四、五時後至晚間更甚，余不喜用電扇，終日如在蒸汽爐中，流汗如沸。兼之近日所接所聞，皆是一派悲觀散漫之論調，昔人所謂未可共患難者，已顯露其端倪。瞻望前途，實屬不堪設想。余本為消極保守一型之人物，數月以來，鑒於內外艱難，以為終須有少數忠貞不貳之人士堅定信心，竭誠貢獻，故他人規避牢騷，余均處以恬定。但自此次回京以後，則此信念亦漸漸動搖，雖復努力掙扎，而內心悲苦愈深矣。十時張岳軍先生來談西行之所見，並言將有韓國與日本之行。鍊才、子鏡兩秘書來接洽公事。旋芷町來訪，談大局、總統府職務及個人出處，至十二時卅分始去。東北老輩王樹翰（維宙）君來訪，酬應數語即別去。接陳之邁君自美來函，謂已向外交部辭職。午後小睡一小時起。希聖來談黨務改革之要點，謂前進則可，而左傾幼稚病不可犯。今日之黨，應以政策與行動並重，應造成戰鬥體系與選舉體系，其言甚偉。希聖去後，沈昌煥君來談經濟危機，與人心向背之關係。宋子文今日來京。程遠帆同學來訪。夜煩躁孤寂，讀新約。服咖啡。十一時卅分寢。

8月8日　星期日　晴　九十四度

七時五十分始起。早晨天陰，日光未直射，氣候較昨涼爽（但十時後又轉燠熱），余之精神今日亦與前一星期不同。上午作函數緘，並整理小組文件與會計賬目等件，以對時局頗有感觸，作一長函寄黃少谷君，備述黨員間 Dissensionist 與 Fragmentationist 之表現，為黨的根本致命傷，非澈底予以打擊不復能革命。又論左傾幼稚病，實為Defeatism 另一形態之表現，想黃君當亦以我言為然也。寄允默一函。延陳醫來打針後治事，至十二時卅分午餐。餐畢熱甚，仍未午睡，冒暑工作，流汗如瀋。然以心有寄託，亦遂忘其疲勞矣。三時卅分總裁約往談，報告一般局勢與軍事情況面諭明日應召集中政會臨時會，又囑余可準備赴牯嶺。余意不欲往，總統謂最好同行。余請遲兩日上山，許之。自官邸出，至秣陵路訪蘭友，知在滬未歸來，乃回寓。以電話約子鏡秘書來寓，囑即發開會通知，以明日中政會可能有要事討論，電話約岳軍出席。詎彼竟謂不欲參加，殊感失望！六時孟海來談蔣氏修譜事及教育部事。柳永緒表弟來訪。傍晚與允默通電話，又與厲生、彥棻接洽明日之會務。蓋鐵城在滬未歸也。晚餐後魏子杞先生偕陳岱礎來訪，談卅分鐘去。與敬之部長在電話中談話。十時十五分洗澡畢，往仁和街訪俞濟時局長，談一小時歸。十二時就寢。

8月9日　星期一　晴、下午雷雨　九十二度

七時卅分起。以臨時提案一件送中政會秘書處印發。九時參加中央黨部紀念週，岳軍先生主席，孫越琦委員長報告資委會工作近況，凡四十分鐘而畢。與吳禮卿、黃少谷、李唯果、狄君武諸君談話。紀念週畢後，入見總裁於休息室，報告本日議案，並請今日講話時務以從容簡定出之，勿動感情。總裁以為然。十時十分舉行中政會臨時會議，首先通過人事案（粵民廳長）一件，繼總裁講話，對軍事形勢略有說明，對統帥權之行使有所闡釋，責備黨人不可中他人挑撥之計，而任意詆毀軍事之指揮系統，務須堅定信心，共渡艱難。致詞中，對馬超俊、李宗黃兩君上週所言頗多譴責，不免言之過當，實亦有感而發。十一時二十分散會。李、馬二君以被責太甚，欲提書面自請處分，經余及屬生勸解始中止。回寓一轉，述庭同學來談。十二時到官邸參加會報，席間討論取締後方反動分子及職業學生事，總統指示綦詳。一時會餐畢，入謁報告，決定十一日上山。二時卅分歸寓，與允默通長途電話。倦極小睡，至四時起。孟海來電話。五時唯果來談經濟改革草案之輪廓及美援農村復興事與紙張（第六季後）供應問題，兼及謝然之君工作，約一小時去。芷町來談近來處理事務之經過。值大雷雨，氣候轉涼。六時卅分周煒芳君來談物資處理事。七時閱本日文件。七時卅分晚餐。餐畢，毓麟來談。旋實之來談甚久。客去後，天氣又轉悶熱，洗澡後準備出行各事。與八弟通話。十二時就寢。

8月10日　星期二　晴、下午雷雨、夜頗涼　九十度

　　七時五十分起。藥力未退，睡意矇矓，久之始已。八時卅分早餐，案上文件久未整理，今日擬為清理之。九時雷儆寰兄來談民社黨徐傅霖擬與余晤敘，以即將赴牯辭之。又談李幼椿、林可璣諸君之期望及我方應進行勸讓立委安置候選人之工作。雷君所談者，余多以為應盡力，然甚感孤掌難鳴之苦。談約五十分鐘去。晏陽初君來談美援農村復興工作問題。對張岳軍不就主委，甚感失望，並陳述其個人觀點，在一面示範，一面亦作全國性之工作。余亦備述對此事之所見，以為選擇工作幹部時，應先考驗其是否忠於國家，願為中國的農村服務，否則將蹈行總或工合之覆轍。對政府任命蔣夢麟君事，余雖不明言，亦以為非上選也。洪蘭友兄來談甚久，以京中諸事託之。十二時卅分又與秦振夫談十五分鐘。一時卅分午餐。允默自滬來京，余亦遂不午睡。與省吾商洽購買京寓家俱等事。接牯嶺長途電話，分別辦發函電等件。三時後，狂風雷雨，氣候頓趨清涼。四時仍舉行宣傳小組會議，討論當前振刷黨員意志肅清失敗主義傾向問題。六時黃少谷君來出席，繼續討論整頓後方肅正學風之宣傳步驟，各人熱烈發言，約一小時餘始略有決定。又討論例案三件。此會議歷時最長，至九時卅分始完畢。正鼎與余談黨務。十時晚餐，詠霓兩次來訪，均未晤也。林彬來談大法官會議經過。客去後洗澡。十一時五十分寢。

8月11日　星期三　晴、熱甚　九十七度

七時五十分起。九時陳雪屏君來談北平學界情形，並分析「七五」學生糾紛案之內幕癥結。窺其語意，似猶有未盡者，內部不協調乃為吾人最大之痛苦也。旋又與談遠兒改數學系之問題。十時三刻別去。余決定明晨赴牯嶺，對兩個月來堆積之文件不能不略為清理，而王宇高君等三人來訪，商上山手續。午後一時午餐畢，繼續整理文件，乃若干要件尋找不得，天熱心煩，甚其不快。夜草草整理畢，與唯果通電話。芷町、昌煥來談一小時餘。客去後洗澡就睡。已十二時後矣。

8月12日　星期四　晴、甚熱

六時五十分起。早餐畢，偕允默到空運隊機場，八時四十分開行，芷町之子及宗濂之子隨余上山，其餘均官邸中人。十時二十分到十里舖機場，何雨馨君來迎，即至蓮花洞乘輿登山。輿人行甚慢，一時始到達農行，汪德鑑主任及勵志社人員為布置行館於河東路92B。房屋太寬大，余夫婦住靠南之二室，八弟同為指揮，至二時布置就緒。草草午餐畢，倦甚睡二小時。五時奉蔣公約談，詢京中近事，談三刻鐘。旋與夫人略談而去。往五十三號訪鶴皋。八時官邸諸君來訪。九時晚餐，十一時就寢。

8月13日　星期五　晴

七時卅五分。昨晚睡眠極深。山中夜間須蓋棉被始

暖，早晚亦極涼也。九時五十分蔣公約往談話，謂翁院長
之函已接閱，並親筆覆函照辦。此事可於下星期四、五實
行。又命覆李副總統電。退歸寓所，與唯果通長途電話。
盧山管理局王作民局長來談，贈余雲霧茶八盒。午餐後小
睡一小時。與王亮疇、張岳軍先生通電話。胡主席秀松來
訪，談卅分鐘去。劉問渠、樂恕人、周榆瑞（大公報）諸
君（京滬報界來山者六、七人）來訪。鶴皋兄伉儷來訪。
傍晚又與南京通長途電話。夜精神不佳，十時游秘書建文
來訪。甫自京上山也。十一時後寫電稿數件。十二時寢。

8月14日　星期六　晴、下午陣雨

　　七時卅分起。寫報告一件，即送呈。九時早餐畢，
奉約往官邸，談二十五分鐘。對東北代表請願事，蔣公頗
不以為然。謂七五事件應先問學生，何以脅迫包圍參議
會，何以學生有武器。又謂政院命令可暫緩一、二天再
發。回寓後，將已發各地警備部、衛戍部等之通電稿撤回
之。十時與李唯果秘書長通電話，談半小時。張君勱君來
訪，談大局，談憲政實施之檢討，談現狀改革之要點。謂
主要仍在軍事與教育，談至十二時卅分始去。陳芷町兄
來長途電話。又與實之弟談話。午餐後小睡起，神思浮
沉，精神疲滯。讀ROSE所著道德哲學，心粗不能理解其
精義。曹聖芬君來談約一小時，閱軍事講話記錄稿一件，
覺不易校改。傍晚與默散步河東路。夜讀書，仍感心煩。
十一時寢。

8月15日　星期日　晴、陣雨、傍晚霧

七時五十分始起。今日心緒煩鬱，精神頹弛，腦筋紛亂，仍如昨日而尤過之。此次上山，不料竟至如此。其主要原因當係三、四、五、六此四個月中間工作過於緊張，消耗體力精力太甚，當時猶不自覺，強力撐持，至七月下旬返滬，又不得寧息，八月初回京，遂乃呈此疲勞之景象。體力一年不如一年，而國事之紛雜困難亦與時俱增。瞻顧今昔，真不知何以自處也。九時卅分擬外出散步，適接李唯果秘書長自京來電話，乃赴官邸請謁蔣公，以行政院擬發整肅後方秩序之命令商承發布日期。蔣公對辦法內容及條文次第謂尚應修改。又命致翁院長電，對東北人士關於七五事件之請願有所指示。回寓後，即與唯果兄通電話，詳談兩地所見不同，倉卒殊難說明。十一時卅分六弟、六弟婦、八弟等來訪（六弟係昨晚上山）。周宏濤兄來談四十餘分鐘。十二時卅分拍發致翁院長電後，即同至孫鶴皋兄家午餐。肴饌極精美，鶴皋夫人勸酒殷勤，余飲酒而醉。飯後大雨，坐談一小時餘。至三時卅分回寓，睡臥至五時卅分起。接航函三緘。六時朱國材君奉果夫之命來山相訪，談滬上經濟變動情形及勵行經濟改革方案之意見。朱君所談亦不無見地，然彼等與工商金融界實際關係太深，余亦無從斷定其所言之有無作用也。哲生今午後上山，以天雨未及往訪。夜霧氣濃重，月色微茫，與允默坐廊下談話，頗多感喟。十時五十分即就寢。

8 月 16 日　星期一　晴、中午陣雨、傍晚陰

七時五十分起。昨晚睡中屢醒，精神至為不寧。晨起則頭腦昏暈，至九時卅分以後始癒。十時張肇元君來訪，談立法院復會事良久而去。與李唯果兄於十一時卅分再通長途電話，談半小時。午刻發致洪副秘書長蘭友一電。十二時卅分到官邸午餐，同席者張君勱、孫哲生、龍志舟、胡家鳳及孫哲生之戚二人，龍志舟之子三人。張肇元兄亦來同餐。濟時、聖芬陪客。二時餐畢，又略談而歸。發致張岳軍先生一電。閱本日中央社參訊及滬上各報。小睡至五時許起。警察所長張毓中來談。六時六弟等游五老峯歸。偕福清侄攜眷過談，相與流連談話，並邀同晚餐後，九時卅分始別去。八弟早一時歸，以有職務也。作簽呈一件。閱報至十一時卅分寢。

8 月 17 日　星期二　晴

七時五十分起。念京中諸友忙碌必甚，余在山中雖身閒而心亦不能自逸也。十時卅分仍與唯果兄通電話，知秦紹文先生對北平調查報告已到京。秦亦即回京。並知整肅秩序令經昨夜決定，本日發布，即以此事簽報蔣公。午刻龍志舟君來訪，談卅分鐘去。午餐後小睡一小時卅分，至三時後始起。孫哲生院長偕張肇元君過談。哲生近來態度和易，不如從前之倨傲，亦年齡關係也。俞濟時局長過談卅分鐘，知豫省府人事將更動。傍晚與默散步至正街，擬游松樹林未果。夜接讀南京來函三件。讀宋人詩，十一

時寢。

8月18日　星期三　晴

七時卅分起。為立法院房舍事，將張肇元君之簽呈加具按語，擬辦呈閱。旋即得批覆，囑中央銀行暫緩遷京，以該院所建宿舍先行騰讓與立法院作委員宿舍。又關於請撥國民大會堂全部附屬房屋事，交洪秘書長核議撥借，此件即寄京中第二局辦理之。蔣公定今日返京，余以攜取文件，接洽公務，囑蔣秘書隨機回京一行（余本應同機歸京，然連日身體精神極不佳，故陳明未同行）。作致唯果、鐵城、少谷、道藩、蘭友諸兄各一函。又致正鼎、希聖各一函。致希聖函，囑其注意今日發表之政院命令，並準備對經濟改革案之宣傳指示。十二時卅分到官邸午餐。哲生同餐。座中承總統交閱經濟改革及幣制改革方案，匆匆過目，未及詳閱，但覺此方案甚溫和，患在民間尤其滬、穗、津、漢之商界未能與政府合作耳。三時歸寓，四時到官邸，送總統行。回寓後食西瓜。七時蔣夫人過談，以糖菓贈允默，並約改日到官邸敍餐。七時五十分晚餐畢，偕默往河南路一一三五號視六弟夫婦，小坐至九時卅分，與八弟同出，登松樹林游眺久之。今晚為七月十四日，山中月光極美。十一時卅分歸寓。十二時就寢。

8月19日　星期四　霧、下午有陣雨

八時卅分始起。昨晚未服安眠藥，中夜醒來四、五

次，且多疲繁複雜之夢，然實際亦睡足六小時以上。余之
於安眠藥，服食既久，習慣已深，其實不服亦能睡，但睡
眠不深，則次日必頭昏目眩，精神略遜耳。今日天氣陰
沉，山間濃霧蔽空，隨風飄蕩，自上午十時至下午四時餘
始稍晴霽。余蟄居室內，既無精力作事，又不能寧心讀
書，甚感悵惘。有報館記者二人及浙同鄉稅務官楊君先後
來訪，均未延見。因心繫不欲作無謂之酬對也。接航函
七、八緘。皓兒出國赴歐心切，欲余助成其行。泉兒自美
來書，請為長孫命名，謂在出生證上已為填SHERMAN
之小名，亦不知其何所取義也。吳仕漢君來訪，談贛省生
產建設發展手工業之必要，與一般政治情形。吳君現任贛
省銀行行長，其工作重點在以金融力量促進贛省之農工生
產，惜實力不足以展其志願耳。午後霧氣愈重，小睡亦未
酣，仍多夢，可見心思之不寧一。四時卅分鶴皋兄來談，
知京中今日討論之經濟案外界已有所聞，余與之研究證券
交易所停止之利弊，鶴兄談至六時卅分始別去。以六弟、
八弟游興甚高，與之約定往游含鄱口。七時自寓中出發，
以肩輿行至含鄱路口，舍輿而步，八時十五分到目的地。
登亭眺月，而風霧大作，坐亭中一小時餘，甚無意趣，乃
與同游諸人（福清侄全家、申報記者三人）歸寓。十時卅
分晚餐。十二時寢。

8 月 20 日　星期五　晴、有霧

　　九時十分始起。上山後筋骨酸痛之患又發，今日乃

遲起，如此精神疲頓迄未恢復也。政府改革幣制之緊急措
施令今晨發表。中午得讀方案全文，覺其誘導商市入軌之
苦心非常周到，但各地物價必又因此提高。今日之事，誠
無萬全良策也。上午陳肇英君來談甚久。下午程天放兄約
談，未能往。傍晚與默散步，中途遇賀雨馨君，順約六弟
等上街購瓷器。八時赴申報辦事處晚餐，餐畢與八弟等談
話。十時五十分歸。十二時寢。

8月21日　星期六　霧　七十一度

八時卅分起。閱中央社參考訊，關於北平特刑庭檢
舉匪諜學生事，透露其執行時之困難，由於學校教授不能
與政府觀點一致，此事恐尚多波折，惟望不致再引起學潮
耳。十時往中路廬山賓館答訪龍志舟君，與談滇黔山水民
風與江南比較，龍君兼詢余國際情勢等。十一時歸寓，鶴
兄夫婦來訪。十二時卅分赴農民銀行午餐。餐畢略談，至
三時歸。小睡約一小時餘，四時卅分起。閱九江報紙載，
王財長等關於金融幣制之談話甚詳。六時蔣夫人約余夫婦
及李協和夫人、龍氏父子三人晚餐，夫人與李夫人及允默
各治一肴，餐敘極驩。餐畢，談至十時歸。十一時寢。

8月22日　星期日　大雨　七十度

八時起。昨晚睡眠充足，今日精神稍佳。自清晨
三、四時起，即降豪雨，稍止又續雨。憶余登牯嶺已將十
次，如此大雨，實為從來所未有。今日大雨終日未停，聽

奔湍激流之聲，聲聲打入心坎，深為水災害稼憂也。早餐畢，閱報及參考消息。覆皓兒函，又致皓、明、樂三兒函。並為永熙函介於中信局，均託六弟帶去。六弟等今日回滬。福清夫婦亦同行。中午略備肴饌，約彼等午飯。八弟亦來。一時餐畢，送六弟等下山後，與八弟略談，以飲酒微醉，睡一小時餘。極酣。四時起，後閱滬、漢報紙。夜讀吳宗慈廬山續志稿。十一時卅分寢。

8 月 23 日　星期一　雨、傍晚稍止

八時卅分起。大霧竟日不散，中人養養欲嚏，至為難受。雨亦不止，時大時小，只能在室中悶坐而已。上午續閱廬山續志，覺其編例不純，收輯近時雜文太多，此必非編者之意，必係省當局所授意者。吳宗慈君不至如此陋也。接憐兒來信，讀之惻然不怡。午餐後小坐，與默閒談家計。二時小睡，至四時始起。雨仍未止，六時後乃稍露陽光，不及五分鐘即又濃霧蔽空矣。夜讀王介甫詩集四、五卷。筆致雄勁，然有極生澀者，則工力不及之故。十一時卅分寢。

8 月 24 日　星期二　雨、濃霧、下午稍霽

七時五十分起。天色仍陰鬱，霧氣濃重，潮濕不堪。熾炭室內，以禦潮氣。接君章自南京來電話，詢應否來山，告以暫緩。閒中閱讀宋人詩，及Cecil Rose 所著之宗教哲學。致鎧、明、樂一函、憐兒、皋兒各一函。覆滄

波一函。寫家人信時，只覺心中惆悵萬端，甚為不懌。午餐後小睡一小時，至二時起。接南京電話，知蔣公決定不上山，宏濤秘書詢余之行止，告以身心交疲，未能即時下山。繼思天時漸涼，居山中亦無意味，況潮氣侵肌，以易地為是，乃決定與蔣夫人明日同機回京，而留陳曾望君乘輪東下。接洽既妥，乃與默外出，至鶴皋兄家辭行，談一小時歸。作覆函四緘，分致南昌、上海諸友。晚餐後，八弟來談。農行汪德鑑主任來談。整理物件。陳伊旋秘書來談，為修改新聞稿。十二時就寢。

8月25日　星期三　陰晴　八十四度

八時十五分起。濃霧仍不散，向午稍霽，旋又微雨。天孫兄偕其子來話別，汪德鑑兄亦來送行，諸人均已知余今日動身，其實飛機尚未自京開出也。八弟偕劉問渠君來寓，談新聞採訪事。允默外出購瓷器，至十二時後始歸。留八弟等同午餐。餐畢，得陳伊旋女士電話，謂飛機將於三時抵潯。午覺稍倦，小憩四十分鐘，一時卅分偕默下山。袁廣陞兄送於河東路。三時到蓮花洞，即赴十里鋪機場，乘蔣夫人之飛機回京。在機中與夫人談話，五時十分到達南京。夜閱京滬報紙。十一時寢。

8月26日　星期四　晴　八十四度

八時起。昨睡甚深，而中夜以後多繁雜之夢，筋骨酸，神思煩躁，仍一如在山之時，而疲勞則尤過之。晨起

閱報後,閱參考消息,對新經濟新幣制案之施行,知奸人破壞已肇其端,此非政府有決心、有技術的貫澈到底不可也。接威博、黎叔來函,商效實學費事。向午亮疇先生來訪,談大法官會議事甚久。辟塵來訪。午餐畢,與默略談後,小睡。請陳醫來打針。小睡約一小時。對家事及兒女就學就業事甚費考量,意緒惆悵,而多憂憤之言,後宜戒之也。芷町來談一小時。抵掌高睍,使余胸襟為之一舒。傍晚谷正鼎兄來談卅分鐘。夜唐乃建兄來訪。晚餐畢,納涼。十一時就寢。

8月27日　星期五　晴　八十五度

八時十五分起。今日精神仍極不佳,作事無力。余此次(自七月下旬起)對體力精力甫有自信,今又喪失殆盡矣。又不欲赴滬休息,恐引起種種不快之情緒,真覺此身無安著之處。九時卅分朱騮先部長來訪。陳雪屏教授來訪。沙孟海兄來談(為叔宜事)。與王君談話後,覺腦暈而心跳。王中惠親翁伉儷來訪,勉與酬對。午餐後,歡談一小時去。小睡未熟,起而閱報。今日中午總統約會談,以病辭。午後三時四弟來寓,談家務暨考試院及浙大等事。夜十二時卅分寢。

8月28日　星期六　晴　八十七度

八時十五分起。早餐後,四弟來余室談話,旋即別去。余今日身體精神仍極度疲乏,心緒尤極惡劣,除心跳

頭暈而外，又加以目力微茫，手腕指僵痛無力。蓋昔年之
神經系病態，在半年內多已痊癒者，而今又一一重發也。
中午四弟遣諸侄、侄女來寓，將以慰余寂寥，然余則毫無
精神接待。余婦與彼等驩談，余在隔室靜聽之而已。午餐
後小睡，鄰舍四周雜聲喧煩異常。道藩來談一小時許。夜
十一時卅分寢。

8月29日　星期日　晴　八十八度

　　七時五十分起。允默今晨九時車攜皓兒赴滬。余畏
滬上囂煩未同行。寫寄皚、明、樂合一函，以「匹夫不可
奪志」，切勿隨波逐流勖之。意在使知警惕，勿為不正確
之言論所惑，以喪失獨立自由之意志。又寄永熙、憐兒一
函，告以進行職業之大概。允默行後，一人獨居，悵惘無
聊。十時後又小睡休息一小時餘。午餐時與君章談中政會
事及宣傳小組事。午後四時卅分官邸會談，以病請假。五
時卅分接洽中政會事。明日仍開會。夜悶熱，洗澡後納
涼，萬慮交集。十一時寢。

8月30日　星期一　晴　八十七度

　　七時卅分起。精神仍未恢復，然今日中政會開會，
不能不強起赴會，以電話告侍從武官，請總裁出席。九時
參加總理紀念週，黃少谷君報告宣傳業務。十時接開中政
會，總裁親臨主席。王外長作報告後，通過蘇省府改組
案，擬以丁治磐為主席。十一時散會，中央提名立委候選

人包德明等請見總裁，蘭友兄代見之。聞果夫在滬病甚，請總裁去函慰問。十一時卅分歸。午餐後，熱甚，小睡片刻起。與省吾談寓中諸事，囑其屬行節約。傍晚迨侄來辭行，將赴青島入海軍軍官學校，為致函桂率真君介紹。夜四弟來寓長談，解余岑寂。十一時寢。

8月31日　星期二　晴　八十七度

七時五十分起。今日仍極委頓，殘暑猶感弱軀不支。自念非再過旬日不能恢復健康，恢復工作也。近日骨節酸痛稍瘥，而頭暈心煩不止，尤以兩目昏花為苦。索居無俚，亦不欲詣人。如此日復一日，身心均感困苦，不如多住牯嶺若干時為得計也。午後一時，允默交張忻康君匯款來，由省吾代收之。二時希聖來，談滬管制金融近況。沈昌煥君亦來談，約一小時餘。四時舉行宣傳小組會議，到顯光、少谷、俊龍、彝鼎、雪屏、正鼎、道藩諸人，交換消息與意見，對第四期配紙及新民報導事有所討論及決定。七時卅分始散會。兀坐三小時餘，真感疲甚。夜學素來談。十一時寢。

9月1日　星期三　晴　九十一度

八時起。精神委頓，心緒煩亂，仍一如昨日。長此以往，將成狂易，為之奈何！今日官邸會報，因病不能參加，上書請假十天。下午得覆，允准。上午十時卅分徐可亭君來訪，言果夫之病狀嚴重複雜，甚為可憂。又談新幣制實行後，滬上一般之反應。正午辟塵全家來余寓。元發漸解事，且明慧聽話，甚可愛。午餐後別去。向余索白雲飛機明信片一紙。午後三時芷町來談文官處奉令節約情形。道藩來談卅分鐘。接默函。又皋兒函。夜十一時寢。

9月2日　星期四　晴、下午陰　八十七度

八時十五分起。近日蟄居屏客，意在休息病軀，奈骨痛目眩，心跳頭暈之患仍連續不斷，欲作事則絲毫無力，而接對賓客尤感繁擾不耐。四、五、六月間之心安理得者，今乃陷於痛苦回皇之境。上午起床，閱報畢，至感無聊，又復就睡。蘭友兄來，竟不及相晤。中央今日常會所議只瑣屑之事，黨愈趨形式化矣。甄選委會原欲合併於中政會，以蘭友反對而罷。午後天時又漸熱不可耐，念余寓中非公非私，場面甚大，閒雜人員，應予減裁，然蔣、金諸君不明此理，余則非決心節約不可也。取大哥遺著「倪言」校讀之。思想精深，泛喻曲當，洵百讀不厭。十一時寢。

9月3日　星期五　晴　九十一度

八時卅分起。居南京已逾一星期，身心頗疲，而近日悶熱更甚，愈不可耐，乃決心赴滬休息旬日。上午以電話告允默，止其暫勿來京，在滬相候。將手頭急要之函件略為處理，其餘存君章處之普通函件則暫且置之。午餐後致蘭友兄一函，託其在余請假期內代理中政會之事務。他友處不及函告，囑君章以電話通知而已。決定寓中汽油節約之辦法，並囑蔣、金二人管理僕役。下午流汗不止，傍晚稍涼。又致叔諒一函。夜十時卅分到北站乘車。十一時卅分寢。

9月4日　星期六　晴　九十二度

六時卅分沉睡中為車中侍役喚醒，七時十五分抵北站。鎧兒、樂兒來迎，即回惇信路寓所。憐兒、永熙均迎於門首，與憐兒談別後情形。蓋彼居慈谿外家已半載矣。詢其產後身體，知已恢復大半。永熙在中信局謀事，或可被派赴京任職。今日決定不出外不會客，擬靜息數日。午餐後小睡一小時餘。允默患齒痛，且有傷風，精神似不如前。傍晚秋陽來訪，謂四明曾開常董會，以人數不足流會。良英甥亦來訪談，晚餐後別去。夜閒談。十一時卅分寢。

9月5日　星期日　晴、下午稍涼　八十八度

八時卅分起。滬寓環境閒靜，晨起最為可愛。以余

書室朝西，至下午則日光射入，不可坐也。九時卅分向四明銀行借車，往祁齊路視果夫之疾。晤壯民、松筠兩醫師，與果夫談二十五分鐘。其病為肋骨附近發炎，白血球增高。余勸彼入醫院療治，割除化膿之患部，彼首肯余言。不欲使之過勞，略談即辭出。順道至畢卡地公寓訪李叔明君未值，晤其公子。十一時歸寓。午餐後，小睡不足一小時即起。取架上蘇文忠集讀之。夜十時六弟來談報館事。十一時寢。

9月6日　星期一　陰　八十四度

八時起。今日氣候轉涼，頗有秋意。樂兒將于明日動身赴北平，允默等為料理行裝，甚為忙碌。余精神仍疲倦，惟在室內養息。九時五十分李叔明兄來訪，談農業金融與幣制改革令發表後滬上之觀感。又談赴京謁見總統之經過，兼及余滬寓房屋事。叔明穩健篤實，無銀行家之壞習氣，余故樂與親近。午後小睡約二小時許起。五時樂兒別余赴「錫麟」號船北上。三姪來談一小時餘。傍晚鳳純德君來談，裘宗堯、姚桂卿兩君來訪，談卅分鐘去。十二時十分就寢。

9月7日　星期二　風雨　七十七度

昨晚因念家計，涉及身世之感，睡至中夜三時忽瞿然而醒。枕上悵念百端，輾轉不能入睡。即起至書室小坐，而頭腦暈重，不能支坐，乃復歸寢，自是至晨七時始

入睡，及起床已九時後矣。樂兒以阻風未出發，仍回寓休息。余以昨晚失眠，今日精神更困憊，目枯愈甚，而手腕震顫之舊患又大作，幾不能提腕作字。為宗堯致朱鄮卿一函，乃閱四十分鐘始成，甚矣其衰也。三侄再來訪。五妹及望弟來談，幾無力與之酬對。自念處世處家，拙劣已甚，至傍晚意始稍解。夜六弟婦來訪允默，談至十一時去。十二時就寢。

9月8日　星期三　陰晴　八十度　今日白露節

八時五十分始起。昨晚睡眠充足，但多複雜之夢。今晨起而補記日記，覺手腕僵痛之患較昨稍輕，而目光枯竭，一時未易復原。上午十一時後即覺不能用目看書寫字，則余此病實為夙疾也。接蘭友兄函。四弟函，寄來金誦盤藥方一箋，下午配服之。今日午睡達二小時，與憐兒等談其職業問題。鶴兄及伯準、培農來訪，談滬市對新幣制改革之反應甚好。協羣女甥來訪。傍晚七時叔明來訪，談商業行莊繳存金銀外匯問題。夜立夫來談赴美見聞。十一時寢。

9月9日　星期四　晴陰　七十九度

七時五十分起。今日手指僵木之患已稍減，而目光依然乾枯不明。早餐畢，囑永熙往訪中央信託局沈秘書，詢其職業事。致遠帆一函，不覺略帶慍怒之意。可見心緒不佳，易涉意氣，而身心仍未復原也。陳旭君來談一小時

去，慰余安心療疾。旋接君章電話，言京中無要事，可暫緩銷假。午飯時食自製之薄餅，不覺過飽。午後讀史書自遣。良英甥及三侄再來談。葉啟宇老友來問疾。夜良英留談至十時去。與家人閒談往事。十一時始寢。

9月10日　星期五　晴　八十一度

八時起。向蔣公請假十日。今日本擬回京，然精神衰弱現象仍嚴重，尤其晝間所見輒複現之於夢中，腦力如此脆弱，尚非銷假之時，遂決定繼續休息一星期。固知如斯因循，於心未必能安也。向午嚴甥君默來訪談，攜其所撰述對新聞實務之文若干篇見示，旁徵博引，知其用力甚勤。午餐後仍小睡，然窗外小有雜聲，即為驚醒，此亦病態之至可慮者也。滬上一般人士對經濟改革意案正注視其結果，商界之擁護不力。夜俞欽姪來談市人心理甚久。十一時卅分寢。

9月11日　星期六　晴　八十三度

八時起。早餐畢，寫寄省吾一函，並附寄宏濤一函，述明病狀，請其轉報總統，不欲頻頻函瀆，再請續假也。近日心裡至奇特，居滬則鬱鬱不樂，而赴京則又畏繁，體力精力實不濟，無可如何，只得再為靜養而已。上午十時思圻姊丈來訪，談家鄉事，並商余腦病之處理。秦憲周君來問候。潘公展兄來訪談，余勸其對經濟管制案宜作更堅強之擁護。中央日報滬辦事處吳同康君來訪，囑其

與立夫接洽。午後叔受侄來談一小時去。夜俞欽侄再來
談。十一時寢。

9月12日　星期日　晴　八十四度

　　七時三刻起。今日上午氣候較涼爽有風，十一時後
轉為炎熱。秋暑逼人，鬱蒸難耐，病軀至感不舒也。沈宗
濂兄來訪，談經濟改革及金融管制與發展生產（特別是礦
業）。杜月笙君來訪，問候余疾，兼談彼在滬宣導商界擁
護國策始終不變。潤卿先生亦來問候，謂此後生產界宜轉
變暴利心理為薄利心理，一般生活應實行儉樸，其言極得
體要。省吾自京來電話，謂京中無要事，可多多靜養。午
餐後小睡起，親戚來者甚多，余以畏煩，均未接見。啟宇
來談十五分鐘。鶴兄再來訪，貽余滁州菊花，云可治目
疾。滄波來談京中近況。七時去。晚餐後與祖銘談話。
十一時卅分寢。

9月13日　星期一　晴　八十二度

　　七時卅分起。數日來頗思赴杭州一游，但殘暑未
消，秋炎益甚，到杭後亦不能作湖山之游，以是一念又復
中止。蟄居寓室，日惟以四部舊刊之閱讀，消遣休養中之
光陰。生活單調已極，亦不宜於健康也。今日上午目力稍
佳。閱王宇高君所編蔣公大事年表，擬為補充校改，苦於
手中無材料。馬積祚來訪，為余談其造紙工業進展情形。
午後小睡一小時餘。何西亞君來訪，貽余潮州月餅，談卅

分鐘而去。夜六弟來談甚久，稍解抑鬱。十二時寢。

9月14日　星期二　晴　八十度

　　八時起。今日氣候轉涼，漸有秋意，雖終日晴明，而無炎熱之感，故精神稍佳。惟上午方在閱書自遣，而秋陽來談過久，至午始去。彼固善意，欲慰余岑寂，實則余病又不在岑寂也。永熙今日下午車赴京就事，作一緘致周時中兄，託其指導照拂。午餐後小睡一小時餘起。讀史書約三小時。蔣志澄君來訪，未接談也。今日自驗目力仍不堪用，而手腕仍僵木作痛，不能寫字。夜志飛、志騫兩姪來談甚久。閱唐宋人說部。十二時寢。

9月15日　星期三　晴　七十九度

　　八時十五分始起。今日氣候尚佳，僅中午燠熱，杲杲秋日，直射時猶極猛也。陳芷町兄來訪，談京中情形，涉及余之工作者：一為總統大事年表應速繳卷；二為顯光簽呈，應編撰回憶錄，用中英文印行，聞蔣公已批，令速進行。芷町之意，以為此事應由余總其成為最宜，然余所最疚心者即抗戰準備期間及抗戰期間，未嘗留心搜存一切軍政要計、外交、經濟及其他必要之材料。彼時一則體弱事繁，無暇及此；二則對部下工作不善於考察支配；三則自身所經歷者僅屬片段，而不明全貌，又性太機密，烽火中畏文件散失，有所得或錄存者，旋即燬之，因此自二十四年之後大事日誌，若不完備，乃余之責任也。芷町

又談經濟改革及國家收支平衡之展望，約一小時餘去。錢
新之君來談國家銀行及商業銀行遵行改革幣制方案情形。
何仲肩君來接洽農行常董會開會日期。朱登中君來為其父
炎復文集求作序。午餐後與謙五內弟敘談一小時，彼方自
慈谿來滬也。五時秋陽來訪。葉啟宇兄來談惇信路寓所房
屋問題。沈賢成君來訪，叔受同來，沈君又攜食物相贈，
謝之不獲也。夜俞欽侄攜眷來訪余婦。今日閱唐宋人說部
二冊。十二時寢。

9 月 16 日　星期四　陰晴　七十九度

七時三刻起。蔣公於昨日廣播勤儉建國綱領，擬發
動一全國性之運動，以作改革社會、經濟、政治之先聲，
其全文於今日見報。余循誦兩遍，覺其用心甚苦，宗旨甚
正大，然項目綦繁，期人人力行，正復不易。接道藩兄來
函問疾，兼及宣傳小組事。又接省吾來函。旋省吾來電
話，謂宏濤傳語，囑在滬多靜養若干日。午後錢均夫師
來，允默代見之。驪先來訪，以病辭未見，不欲久談勞心
神也。秦振宙小友來吾家游玩，一小時去。貞柯、志成聯
袂來訪。傍晚謝然之君來訪，談京中諸事。夜閒坐讀史
書。十一時卅分寢。

9 月 17 日　星期五　晴　七十九度

八時卅分起。接周宏濤君來函，傳蔣公之諭，囑令
靜養，不必急於回京。蔣公固知余病癒不致多所滯留也。

遼西、魯東及華中戰事漸趨激烈，甚望國軍能堅定勇勁，
與奸匪叛徒以攻擊。今日報載，政府正式任命蔣經國為淞
滬警備司令，此舉對蔣氏之經濟管制任務勢將使其分心，
或當局別有不得已之理由耳。君章過滬來訪，言星期日將
回京。新任駐蘇武官張國疆來訪（滬港口司令周力行君同
來訪），為張君作介紹函致傅秉常大使。午餐後小睡。接
泉兒來函，讀之悵惘不已。三時到外灘出席農民銀行常務
董事會，五時十五分歸。夜神思不怡。十時五十分寢。

9月18日　星期六　雨　七十九度

七時五十分起。盥洗閱報畢後，忽感頭暈，心中煩
躁，憂來無端。溯中兄來，允默代見之。秋陽又來訪候，
殊感其意誼之殷勤，然余病中實畏惡與客談話，故亦由默
代見之。十時卅分覺無聊甚，服藥一片，又登床睡。近日
生活惟與牀榻相親，其情況甚似卅四年之秋間也。午餐仍
強起進食，心緒稍開朗。三時再就午睡，至五時始起。葉
啟宇兄又來談惇信路寓所房屋事，兼及經濟管制之影響，
談一小時而去。接積明來函。洪蘭友兄來訪，未晤。十二
時寢。

9月19日　星期日　晴　八十二度

今日以六弟相約，偕允默到海寧觀潮，順道至杭州
游覽。晨興特早，七時早餐畢，七時卅分與憐兒略談數語
（憐今日赴京就編譯館事），即偕允默往偕六弟夫婦，於

八時出發。福清侄攜兒女偕其友人周佩欽同行。以汽車在
閔行鎮輪渡稽留，故遲至二時始抵海寧城外觀潮處。今年
潮勢不大，然縱覽大海，心胸閒曠。在岸側臨江飯店進午
餐畢，四時十五分出發，六時到杭州。申報館主任儲裕生
君前來招待。今年觀潮者不下萬人，多順便游杭，杭州旅
館擁擠不堪。由友人介紹，始得在葛嶺山麓某別墅下榻。
八時到中國實業銀行，赴嚴慧鋒君之宴。十時歸納涼，
十一時卅分寢。

9 月 20 日　星期一　陰晴、熱　八十四度

昨晚睡甚酣暢，所寓別墅中，夜猶有旅客遷來，余
竟絲毫不覺也。七時起，即下山麓至周鴻元車廠，約福清
姪同出發游湖。先至城內聚水館進早餐，製麵食絕精美。
允默即至三元坊訪黎叔夫人，余等商定上午游南山，下午
用船遊覽。八時五十分出發，儲君裕生殷勤作嚮導，先至
石屋洞啜茗，繼至水樂洞，順道游滿覺壠賞桂花。今年來
時正值桂花盛開之時節，坐桂花廳下，游賞久之。桂花廳
者，居民臨時搭席棚以招徠游客，僅設桌子八個，極簡
陋，然廳前後叢桂盛開，芬芳馥郁，使人神怡。余等流
連，幾不忍去。同游者為余夫婦特備山轎上烟霞洞，知客
僧保定人，尚不俗，此地亦久不到矣。在臨江之軒上稍坐
（十六年四月偕大哥謁蔣公于此，蔣公稱余文能婉曲顯
豁，善於達意，即在此對靜江先生所語也。以此因緣，浮
沉政海茲二十一年矣）。即由此處下山，到九溪十八澗，

觀水啜茗，並進午餐。建設無所增，惟路面更平實耳。由此乘車至毛家埠，改乘申報之游艇下湖。先至白雲菴，乃最近修復者。求得一籤，不甚可解。又游劉莊及三潭印月，茗坐至七時，再以小艇蕩漾湖上。晚風吹來，稍覺涼爽。八時到樓外樓晚餐，黎叔伉儷特來晤敘。餐畢，已九時餘，樓主人乞題字，寫羽醪無雙一絕付之。出門晤見方青儒、婁子匡、張延哲三君遂歸福清寓處小坐，吃菱。十一時卅分歸寢。

9月21日　星期二　晴　八十六度

昨晚睡眠又極酣暢，惟入睡稍遲，晨七時十五分起，即離寓所下山麓。偕同游諸人先至知味觀食早點，小籠包餃甚佳。四姪季微以慧鋒兄通知，亦來麵館會晤，談家事，知其已有三孩，長大者甫入小學也。九時後又出游。今日決定游北路，先至岳武穆祠瞻覽。諸同行小孩在墓前最感興趣。繼至玉泉觀魚，見魚樂園中所蓄之魚較前減少多矣。徘徊約卅分鐘，即以車至靈隱，遍游飛來峰下諸洞，未入大殿游覽。在冷泉亭下啜茗，閒坐久之。自是捨輿而步，登山嶺，境界幽蒨，中途在中印菴小憩。寺僧通遠，聽其語音係甬籍人士，述此菴名古天竺，並道興復之由來。此僧略解文字，年僅三十餘，當係中途出家者，似為軍界中人也。小坐後繼行，越嶺到上天竺午飯。寺僧宏蓮，慈谿長石橋人，則俗不可耐矣。午飯畢，已二時，出寺後，舍步易車，直趨虎跑寺。濟公塔院新加修築，甚

堅固宏敞，知國內羽流尚盛也。至虎泉寺啜茗後，以時間
尚早，乃往游雲棲，車輿沿杭官路行，所見極恢廓。過梵
村後，轉入山徑，見新種之竹甚盛。入寺隨喜知此寺已為
齊魯大學借用矣。歸途進淨慈禪寺游覽，八時到王順興飯
館晚餐，儲君做主人。晤趙見微諸兄。十時餐畢，游風雨
亭。十二時寢。

9 月 22 日　星期三　晴、下午雨　八十二度

　　今日為先二伯父振家府君九十冥誕（因余在滬之便，
故改用陽曆在滬設祭），余急於回滬，六弟及福清等兩日
暢游亦已盡興，爰決定今日由杭乘汽車回滬。七時許睡意
正濃，不得不強起。盥洗甫畢，儲裕生君又來送行，申報
記者黃行天（餘姚人）亦來訪。儲君詢余杭游滿意乎，余
答以滿意之至。儲君再四約後會，謂下次到杭必見告也。
八時卅分偕至豐樂橋聚興麵館吃麵。此麵館開設已百年以
上，余十餘歲就讀杭州時，嘗偶過之，然麵食之精美，進
步多矣。九時一刻離杭市，儲君送至清泰門而別。汽車先
駛，海寧城外略停，登臨堤岸，眺望江潮。正午十二時三
刻抵乍浦，下車入某飯館午餐。食海鮮三、四種，青蟹最
肥美。食畢，二時繼續開行，以後車輪胎兩次損壞，致途
中躭擱多時。然沿途海風拂面，甚感暢快。五時後下大
雨，過閔行渡後始止。六時五十分抵滬市，於是四日之杭
游乃畢。抵家祭先二伯父，親族到者應氏兩表弟（步青、
家珍）、五妹、八妹、永常、啟煦、蕙蘭、六弟婦、細兒

夫婦。皓兒自京來，亦參與焉。三侄及侄婦均來，夜備晚
餐兩席，歡飲而散。十時六弟亦來談，方自經國處聚餐歸
來也。皓兒即晚回京，與家人略談。十二時寢。

9月23日　星期四　陰雨　七十九度

　　八時起。昨夜睡眠殊酣適，當由連日出游，身體勞
動，移一切憂愁煩悶而寄情山水之間，故能有此效果也。
上午王冠青君來訪，談滬市府施政情形及滬市之複雜。謂
服務一年，增進不少閱歷，今且去之，極希望能出國研究
哲學。旋何學愚弟來訪，為周作民兄致意。周素性傲睨自
喜，今聞蔣督導員對之不諒解，甚為不妥。余告學愚，周
君只要坦白一些，不必到處託人也。午後小睡甚久，至三
時一刻始醒。卜少夫兄來談甚久。余告以今日滬上輿論界
應協力促進新經濟案之實施。傍晚接泉兒來函，又接七弟
一函，閱之極悵念。夜十一時寢。

9月24日　星期五　陰　七十八度

　　昨夜睡不寧謐，有惡夢，今晨甚疲倦，起床時已八
時五十分矣。暟兒擬就職粵漢路，為致一電與杜鎮遠局
長，說明延期報到，請允准實習。十時一刻董顯光兄自京
來訪問余疾，談及京中近況，與余所想像者正同。又為余
談準備撰寫戰時回憶錄之事，交換意見甚久。十二時始別
去。思圻哥再來訪余，留其午餐。談鄉邑事，互道珍重而
別。蓋圻兄即將返里矣。以談話過久，思慮煩雜，午睡不

能成眠，寫字手顫特甚，殊以為苦。今日託顯光發致七弟
一電。夜十一時卅分寢。

9月25日　星期六　晴　八十度

七時卅分起。發寄七弟及泉兒各一函，泉兒在外謀
業，時閱半載，迄無成就，寄居叔家，進退無措，余指示
其先謀一臨時工作，一面即在國內覓職業，期於短期內回
國也。今日上午以裘宗堯君之介紹，往靜安寺路戈登路周
誠滸先生處診視目疾。周君謂此病不能痊癒，惟有使其延
緩進行，宜節用目力，並配眼鏡，診視達一小時餘。即轉
至精益公司配眼鏡。允默與余同行，十二時十分始歸寓。
午餐畢，小睡至三時許始起。近日頗感體力疲勞，而心理
上之擔負亦未見減少。秋暑仍盛，傍晚鬱熱不堪。晚餐
後，讀書消遣，自驗記憶力遠不如前矣。十一時三十五
分寢。

9月26日　星期日　晴、下午陰　八十二度

七時三刻起。昨晚服藥較多，晨起甚勉強，至一小
時後始完全清醒也。發寄皋兒一長函，述近來情況。馮有
真君來訪，談報界近狀及新經濟方案一般觀感。趙祖康君
來談大上海建設計畫及市政之阻力。葉溯中兄來訪，談社
務及中小學教科書編訂計劃。十二時卅分客去，良英甥來
訪。楊雅宜女士來，貽余良鄉栗。一時午餐餐畢，天氣熱
悶異常，小睡至二時卅分起。與家人商滬寓移地及今後之

家庭經濟如何節縮。良英甥去後，寫寄儲裕生、嚴慧鋒各
一函。傍晚葉啟宇兄來談一小時餘，知惇信路之寓室房主
方面極堅持云。夜轉涼，身心狀況較平靜，惟疲勞未復。
六弟夫婦來談。至十二時寢。

9月27日　星期一　晴　七十九度

　　七時五十分起。接申報轉來中央日報一電，囑即日
去京，開常董會，然余已預定於今夜車回京矣。早餐畢，
與默等談滬上住屋事。默與旦姨同出外，至開納路、福煦
路察看房屋，至午始歸。朱經農君來訪，頗有意作歐美之
遊。滄波來談，約一小時餘而去。一時午餐後，小睡竟不
成眠。午後天時較涼，但余心極煩鬱。葉啟宇兄再來訪，
貽余茶食。劉百閔兄偕張國燾君來訪，談出版業近狀，兼
及政治，談一小時餘而去。呼匠理髮。傍晚患怔忡，手顫
甚劇，胃部亦不舒。鄭通和君來訪，以病未能接見。夜與
六弟同車赴京。十二時寢。

9月28日　星期二　雨　六十九度

　　六時五十分起（昨晚車中睡不甚暢）。天氣驟涼，
七時十分車抵下關，適遇大雨，君章來接，即與六弟同車
入城。抵寓早餐後，略閱本日報紙。九時卅分到考試院視
四弟，坐談一小時許，即至中大附小訪九妹，見其形容憔
悴，知患胃病已將匝月矣。晤談別後情形，勸其善為調
養，十一時二十分歸寓。王亮疇先生來談大法官會議與一

般政況。一時午餐畢，小睡乃極沉酣，直至五時許始醒，可謂濃睡矣。向晚精神仍不佳，晚餐後覺心緒略定。寄公展函。發寄允默、秋陽各一函。閱參考資料。夜十一時卅分始寢。

9 月 29 日　星期三　陰　六十八度

晨七時三刻起。一雨成秋，盡洗酷熱之氣，然與三日前相較則涼燠懸殊太甚（晨起只六十六度）。午前核閱積件一部分。目疾自來京後略見好轉。檢閱宣傳小組之會計，囑省吾出外辦理結算事。今日起決定以半日工作半日休息，預計一星期後當可完全恢復工作也。十一時立夫來訪，談時局、中樞政況及彼自身之難處。正午到官邸，先謁總統，報告回京，仍請續假七日。繼參加星三會報，到二十一人。一時午餐，餐畢與彭君頤、謝冠生、少谷、希聖等略談而歸。小睡一小時餘，未睡熟即起。閱京滬報紙二份。沈昌煥君來談一小時去。憐女歸省家人。晚餐食蟹。孟海來談頗久。十二時寢。

9 月 30 日　星期四　陰雨　六十八度

七時二十五分即起。旋憐兒起床，來詢余醒何早耶，不知余六時一刻即醒也。近來縱服適量之藥，仍不免早醒，不知何故。九時辟塵來談皓兒出國赴歐之手續。余即以宣組所存之美金千元託其換金圓券，尚有五百元，囑開支票備購買書刊用。辟塵去後，洪蘭友兄來談一般政

事、人心、黨務等，並互述對省縣自治通則之所見，約一小時許始去。向午約兒侄來訪。午餐後，睡眠仍不寧。今日目力又壞，閱報及參考消息，甚為費力。披閱文件，多有不能解決者。夜研究宣組件。十一時寢。

10月1日　星期五　陰　七十度

七時卅五分始起（今日起夏令時間不適用，故實際為前月份之八時卅五分也）。今日氣候下午轉晴，余以覺熱減衣，又當風而坐，至夜間乃患咳嗽甚劇。小病連綿不已，洵可謂不幸矣。上午實之表弟來談，延陳醫來打針。閱參考件及中政會之文件。接默函，詢余病況，詞意懇切，極為感動。午餐後小睡僅五十分鐘即起。閱大事記、參考資料。李唯果兄來訪談一小時。傅孟真兄來談國內大局，約一小時。覆雷震及少谷各一函。蕭化之來談，擬就和平日報社長。夜又值停電，四弟來寓，敘談良久，慰余寂寥。八弟亦來談。十一時卅分寢。

10月2日　星期六　晴　七十二度

自昨日下午五時因受涼傷風，有咳嗽，昨夜睡極不安，屢以咳嗽而醒，今晨八時許起，猶感睡眠不足也。余此次之病，一波未平一波又起，今日上、下午均劇咳不止，而下午起目力極壞，竟至完全不能辨字，闔眼靜養二小時後，至傍晚始稍癒，然未復明也。如此淹纏，洵可謂不幸之至。今上午李君佩先生來訪，談黨費保管事。午後王中惠親翁來視余疾。潘公弼兄來談港報業務困難，約一小時餘。夜永熙、憐兒來寓視余。十一時卅分寢。

10月3日　星期日　陰　六十九度

七時五十分起。昨晚劇咳不止，今日上午十時後始

稍癒，然已喉音嘶啞矣。延陳醫來打針，並續服消炎化痰之藥。今日決心休息，完全謝客不作事，不用目力，蓋兩眼模糊實不堪用，至晚猶然也。十一時卅分似覺有寒熱，小睡至二時起。略食稀飯後，與憐兒談話。憐勸我繼續休息。二時五十分再就睡，直至五時卅分始起，似覺精神較佳，然兩目仍乾枯昏黯，辨字不明，殊感焦急。夜與皓、憐、永熙閒談。十一時寢。

10月4日　星期一　晴　六十八度

七時五十分起。昨晚睡尚安靜，今晨咳嗽已減輕，略有痰，但不潤耳。病體未癒，故未參加中央紀念週，即各種會議亦擬暫緩參加也。午前開始整理蔣公大事年表。此一工作實非余所能勝，然只得勉力為之。原稿有脫漏處，為之增補一、二條，亦不復能詳核矣。閱參考資料及私人來信。為民、青兩黨事，發函四緘。午餐後小睡一小時餘。三時舉行文化服務社常董會，到道藩、唯果、百閔、寶騟諸君，公展、孝炎、亦有諸兄均未到。議決案五件，五時卅分完畢。余精神殊憊。希聖兄來談，囑其準備雙十節文告。夜休息，看大字本書。十時就寢。

10月5日　星期二　晴　六十八度

七時五十分起。昨晚睡眠充足，僅五時許醒一刻鐘，約睡足九小時，蓋以雙十文告託希聖起草，心境較寬鬆也。今日精神轉佳，目視模糊亦減，可辨認五號字，亦

能勉強看新五號字，可達五、六千字，較昨日進步殊多，私心竊以為幸。上、下午均為蔣公校補大事年表。向午辟塵攜元發來談。午餐後小睡一小時餘起。陳君素送來宣克成件。今日宣傳小組會議停開一次。翁院長、吳秘書長約午餐，亦未赴，不欲使心思紛雜也。五時卅分六弟來談，彼即晚歸滬。夜八時八弟來談，一小時餘去。皓兒擬明日赴滬，接洽赴歐船期。十時後再工作一小時餘。十一時卅五分就寢。

10月6日　星期三　晴　七十度

七時五十分起。今日精神稍佳，目力亦恢復十之七、八，仍繼續校補蔣公大事年表。查閱自反錄、峨眉訓練集等，將各期重要講詞分年紀述其目。繼又就抗戰中各重要戰役，與何總長所著「八年抗戰經過」對照後略為修改。又對民十四、五年及民二十一、廿四、廿五各年詳為校訂，以見蔣公準備禦侮之勤勞。最後就原稿之卅五年度增補多條。則精力已疲，不及詳覆去取矣。自上午八時至下午五時（中間休息一小時半），繼續工作，始得完成草稿。夜約孟海來談，以草稿付之。皓兒赴滬。致允默一函。十時卅分寢。

10月7日　星期四　晴　七十二度

七時五十分起。今日精神平常，惟腦力仍不堪使用。中政會送來關於事務會報決議案之各件及經費件，略

閱一過，輒感紛繁，艱於處理。蓋病後精神未復，遂無敏
捷判斷之精力也。黃復生、陳樹人先後凋謝，不勝感慨。
道藩兄來談一小時餘，所聞均為艱難困苦之情形。尤其對
總統與同志間之隔閡，引為慨歎。午餐後小睡，甚不寧
貼。起而批閱中政會文件，又處理公私函札十件。希聖兄
攜國慶廣播詞初稿來談，一小時去。夜研究廣播稿，略為
修潤文字。仍患咳嗽之疾。十時就寢。

10月8日　星期五　晴　七十六度

　　七時卅分起。今日上午精神尚佳，寫寄泉兒一
信，為小孫男命名曰師孟。以泉兒於其出生時即字曰
SHERMAN 也。再就雙十廣播稿略改字面，欲再加改
削，已無氣力。且總統未到京，或可不用，亦遂置之。上
午只閱公私函件十件。午餐後小睡，未及四十分鐘即起。
接默六日、七日來函。二時五十分到農民銀行出席常會，
接開董監聯席會議，推定竺芝珊為常董。又開農業保險
公司董監會，與叔明略談。六時歸寓，希聖來談時局，
只覺黨內低沉散亂，殷憂無已。夜閱讀雜誌論文。十時
卅分寢。

10月9日　星期六　晴　八十一度

　　七時三刻起。今日天氣晴朗，余目力以昨日起用眼
鏡看書字，今日目疾似已稍癒矣。精神亦漸佳，惟願自茲
恢復健康也。上午盧逮曾君來談話一小時，謂決定就考試

委員，辭立法委員，但須於月終辭職，即以書告儆寰。上
午又寄發七弟及泉兒各一函，寄默一函。寫小字不以為
苦。閱公私函件十餘件及參考件。向午甚熱，午餐後小
睡，不及一小時起。約潘公弼君來談港報事。傍晚知總統
回京，以文稿囑聖芬呈參考。與宏濤通電話，亦不及親詣
官邸也。夜與憐談話。十一時寢。

10 月 10 日　星期日　晴　八十二度

七時卅分起。皓兒自滬回京，攜來允默一函。董廉
三兄之女公子與皓同到京來訪於余寓，彼二人友誼頗篤，
今皓將出國，故同來作首都之游。十時到總統府參加國慶
典禮。總統親臨主持，到副總統、五院院長以下文武約
六百餘人。總統致詞勗勉，強調民族主義之重要性，致詞
歷卅分鐘，禮畢。謁總統於休息室，報告身體近狀。十一
時卅分歸寓，讀傳記類之書籍。午後小睡至二時起。天時
晴美，而我殊無意出門。五時聖芬攜演說詞紀錄稿來，為
校閱發表。夜與憐兒談話。十時卅分寢。

10 月 11 日　星期一　晴　八十三度

七時卅分起。今日天氣更悶熱，精神因而不舒。皓
兒等清晨遊中山陵。余於九時赴中央黨部出席擴大紀念
週。總裁親臨致詞，約四十分鐘。勉勵同人振作革命精
神，堅定信心，安定時局，並籲請立、監兩院與政院合
作，勿自分壁壘，務須通力合作，渡過難關。十時禮成，

宋子靖約余談話，並與然之談香港宣傳。十一時卅分歸，
閱文件，接允默來函，並附寄泉兒來函。午餐後小睡，殊
未熟。李雄來談，為作介紹函致陳公洽主席。傍晚洗澡，
晚餐後閱創進雜誌。滄波來談。九時憐兒來談。九時卅
分朱公亮君來談美國近情，帶來陳之邁一函。夜十時卅
分就寢。

10月12日　星期二　雨　六十六度

　　七時卅分起。今日氣候驟涼，余之精神似有逐漸恢
復之象。上午為陳之邁聯絡美參眾議員意見寫簽呈一件。
以其原函摘要附呈。覆允默函。致四弟一函，勸其暫緩回
慈谿。吳鑄人君來訪，談周論及彼在平工作情形。陳宗熙
君由台灣回國述職來訪。旋孟海來談，攜來總統大事年
表，謂已呈閱，甚少更改，為之稍慰。午餐後小睡一小
時，為派員赴港任宣傳事，二時約希聖、唯果來談，決定
仍請然之前去。以今日佛觀忽來函表示願往也。顯光來談
回憶錄事。三時舉行宣傳會議，七時散會。夜立夫來談。
十時卅分寢。

10月13日　星期三　陰　六十三度

　　七時三刻起。昨日起，精神漸有恢復之象，今日亦
自覺心緒煩亂之狀已祛除其半，惟仍無力積極工作耳。四
弟今晨送弟婦去滬轉甬，旋即來訪，談其最近工作情形及
對于政事、文化之見解。余以昨晚立夫來訪，談黨內團結

與立、監兩院如何齊一步驟事，彼主張以中政會為樞紐，正在草擬意見中。余覺以中政會定政策，自是天經地義，然照現在狀態，則勢必徒然增加會議之複雜性，余意必須強調國難，以首先促起團結之心理，因作一長函告之。如中政會擴大，余則不能勝任秘書長也。十二時參加官邸會報，首先單獨謁見，面諭陳之邁在美聯絡工作，已與朱世明商談，可以進行。旋舉行會談。午餐後，一時卅分歸寓。二時卅分午睡，至四時許起。李文齋君來訪，談魯局及諍友會事。夜邵毓麟君來談赴日視察之經過。夜與皓兒、憐兒談話。十一時寢。

10月14日　星期四　晴　六十五度

七時卅分起。昨睡尚佳，而今日精神又顯頹唐不振。得允默來函，言滬上事，閱後心緒煩雜不寧者久之。上午閱參考件及資料多件。午餐後又小睡一小時許。三時何思源君來訪，以久待謁見總統未得見，囑余轉為請示。並談北平市當市長時之經過。張齡來訪，現任閩國稅局長，回京省親，即將返任也。此君現在似較前平實沉著矣。鄭西谷兄來訪，談個人出處，有出任上海市教育局長之意，談一小時去。傍晚君章、省吾均外出，余一人留寓，甚感孤寂。夜八時卅分朱教長騮先來談，擬出席巴黎教科文組織會議，九時卅分去。翻閱舊日文稿日記。十一時寢。

10月15日　星期五　晴　六十五度

　　七時五十分始起，精神仍沉鬱而不舒愉，長此冥思自苦，亦知大悖攝生之道，然終無以自改也。覆允默一函，寫字時又微有手顫。上午為檢視已遺失之日記，整理箱篋久而得之。又檢出（十五）至（廿六）事略，彙摘一冊，此可為大事年表之參考。重行翻閱，則往事歷歷如在目前，不覺耗去三小時以上之時間。午刻，君章購湖蟹為盡酒一杯。午睡一小時餘，至三時乃起。閱來函各件參考資料等件。覆季陶一函，又致道藩一函。總統贈徐佛觀醫藥費，交君章囑周國創君致送之。四時，立法委員張光濤君來訪，談如何統一立法委員意志，深覺無具體辦法。夜翻閱舊稿，漫無目的，至十時一刻寢。

10月16日　星期六　晴　七十二度

　　七時卅分起。總統昨日飛北方巡視，今日報載，錦州激戰，而察境戰事國軍獲捷，太原亦在固守中。近日軍事形勢影響於一般經濟者頗大，各地均有搶購現象，殊堪憂憤。上午整理書室內書櫃等。李文齋、劉振東二人來訪，適有他客，未及接談。十一時黃少谷君來訪，談四十分鐘去。接威博來函、國華函，閱參考資料及文件。午後小睡一小時餘起。三時到編譯館，約憐兒。又順道約永熙同出郊外遊靈谷寺，憑吊陣亡將士墓。步行四、五里許，腳力尚不覺疲乏，六時歸。夜閱書報，十時十五分寢。

10 月 17 日　星期日　晴陰　七十度

六時卅分醒，七時即起。以昨晚服藥陳舊，藥力不
宏，故睡眠欠安適，中宵醒三次也。今日心緒仍略有散亂
不凝聚現象，但經努力遏制，並服Ipral 一丸半，旋亦即
歸正常。覆威博一函。校閱大事年表之最初半編，約一小
時畢事。徐誦明同學來訪，已十年不見矣。王中惠親翁來
訪，談泉兒歸國問題。李叔明君來訪，談滬金融及採購糧
食等事。中午八弟來談，旋九妹夫婦來訪，留共午餐。餐
畢，與趙妹丈步霞談平民教育。二時後小睡。未半小時即
起。接默十六發函，致七弟一長函，又附寄泉兒一函，商
返國後之職業問題。聞皋兒自津抵滬，明日將來京，傍晚
覆默一函，夜寄明、樂兩兒各一函。研究宣組事宜，十時
卅分寢。

10 月 18 日　星期一　晴　七十度

七時三刻起。昨晚睡中咳嗽多次，晨起乃癒。八時
五十分，皓兒及皋兒均自滬來。皋已二年不南歸，今擬赴
美進修，來京接洽手續，為備函介紹於嚴慎予次長。上午
續接愷兒衡陽來函，即覆之，又作覆明、樂函。整理積
件，擬稍收放散之心。漸次辦理之。上午約工作四小時
許，不覺疲。致佛觀一函，處理小組經費件。午餐後小睡
起，作函三緘，致楊華波、岑維休及毛人鳳，均為謝然之
君介紹者。閱報載陝戰克捷，東北方面國軍正兼程反攻遼
西，然錦州奪回之戰，必艱苦甚矣。晚餐後，趙述庭同學

來談一小時餘，言教育部事甚詳（傍晚謝然之兄來談，以
各函及川資交之）。校閱君章所擬之大事表。十時六弟來
談甚久。十一時十分寢。

10月19日　星期二　陰　六十四度

八時起，閱報載傅作義將軍對新聞報記者之談話。
此君得力處全在樸誠二字，惟誠乃能切實，乃能勇毅，將
帥中不可多得者也。上午命君章重擬大事年表，交去參考
材料二種，其一為美國國會調查報告，余亦約略閱之。因
皓兒即將出國，為作介紹函致錢階平及沈士華君，託其照
料。皓此次出國，動機遠在一、二年以前，實以沉淪下
僚，無以自慰，故屢作出洋之想。今年乃有其同學殷紹曾
君，約其與奧國駐華使館秘書須華滋相識，須華滋竭力慫
恿中國留學生前往奧國，謂費用低廉，且維也納大學功課
佳良，對同濟學程亦銜接，於是皓兒一再就商於親友，而
沈士華君來函，似亦允可其兼任使館臨時職員，皓兒之志
益堅矣。余以自身不能擔負學費，若乞諸公家，亦非本
願，頗不欲其行，然亦不忍過拂其意。茲已決定二十三日
出國矣。午餐畢，小睡不熟，心緒仍略有煩亂現象，吳紹
澍君過訪，談正言報事。三時舉行宣傳小組會報，唯果、
希聖二君未到。諸人熱烈發言，報告時間長達三小時，對
當前局勢廣泛檢討，若干同志，對經濟管制之看法各有不
同，語多激刺。余最後發言，提出幾點，請同人注意研
究。開會四小時餘。夜閱讀舊稿甚久，芷町兄來談大局及

經濟情形，約一小時餘去。殷紹曾君來訪。十時後，與
皋、皓、憐兒敘談。至十一時三刻寢。

10 月 20 日　星期三　陰晴　六十七度

　　八時起，昨晚睡不佳，似所服之藥已失時效，故中
宵屢醒，晨起後又略覺昏沉，而有睡意也。總統赴北平已
屆六日，而北方戰局仍緊張。錦州為匪軍突入，尚未收
復，長春又有一軍被圍繳械。大局艱難益甚。而經濟市場
為商人掀起惡潮，顯欲突破八一九之限價而後快。中樞情
形則冗碌煩碎，而各機構之連繫極薄弱，有若干部門形成
散漫遲滯之現象，余知總統數月來之焦勞日甚，然余身體
衰弱至此，且知識闇陋，才具短絀，徒知焦憂，迄無絲毫
之裨助。近來對個人之健康與服務能力，絕對喪失自信。
回念二十年來以身許國之初衷，真覺無地可以自容。如此
因循視息，真無異於贅疣與祿蠹，實慚惡惶悚，達于極
點。他姑不論，抑何以對吾父吾兄之教育乎，上午張肇元
兄來談立法院內種種複雜疑難脫節之情形，同志間壁壘益
深刻，而明朗化。余對張君處境不勝同情。午前校改總統
在上週星期一之演講詞，午餐後略小睡即起，念允默不
置。彼在滬所接觸之事象，其憂憤當更深也。威博來書，
言仲車師於十五日作古，洵堪悼惜。補編蔣先生六十一
歲、六十二歲之大事年表，孟海適來談，即面交之。傍晚
希聖兄來談經濟管制困難所在，其識力深銳可佩。四弟攜
約兒來，夜皋兒、皓兒辭別出國，余懷惘惘無可言說。四

弟與余繼談雜務，稍舒岑寂，十二時寢。

10月21日　星期四　晴　七十三度

今晨因昨夜患咳嗽，遲至八時廿五分始起。天時突轉晴暖，精神稍見振作。數日來悲苦煩懣之情緒，似見減退。原定引退乞休之念，終因責任所在，細思以後，不得不打銷之。覆八妹一函，為嫻甥出嫁，我必參加典禮，但不宜作證婚人之意婉轉告之。閱報數種，閱參考材料，並處理中宣部送致宣傳小組文件約六件。任卓宣君來訪，由君章代見之。實之表弟來談甚久。十二時卅分午餐，餐後小睡極酣，至三時始醒。閱天津友人送來講詞三件，又檢閱二十五、六年及二十八年所擬之稿件。今日閱讀最多，尚不覺吃力。十時卅分寢。

10月22日　星期五　晴　七十三度

八時卅分始起。今日天氣仍和暖如春，余之精神病患亦覺痊可，此當由於兼旬靜養不接觸紛雜環境之效也。作致兒輩書，寄明、樂閱之。謝然之君來訪，君章為余代見之，未以關白也。吳鍊才、楊子鏡兩秘書來接洽中政會會務，決定下星期一開會。又處理秘書處之事務約六、七件。午餐後小睡極深，而多複雜離奇之夢境。為使此心寧謐仍取去年為蔣先生代擬之舊稿閱之，兼閱十六年至二十七年之事略，擬為增補於大事年表。四時岳軍夫婦來訪，談一小時去。羅時暘君來，適時間相左，未及談話。

夜十一時寢。

10月23日　星期六　晴　七十二度

　　八時十分起。今日又常感頭暈骨酸，不知係何原因，仍約陳廣煜醫師來打針。閱參考消息，長春失守證實，鄭洞國殉職，可痛。又披閱公私函件，十時資料研究室秘書羅時暘君來談，三刻鐘去。十一時張忻康君來談，言將赴滬。顯光攜來蔣夫人廣播稿，為校閱而歸還之。闢塵來午餐。午餐後小睡，不足一小時起。張道藩兄來談立法院上午檢討會之情形，兼及一般情勢與情緒，不勝其憂慨，談約兩小時去。潘公弼君來談國民日報事，謂李大超不克繼任社長，余以為應由鐵公約諸常董開一談話會商決之。傍晚憐兒來寓。夜接周宏濤兄北平來電話，總統命希聖、彥棻去平，即謂分頭接洽。十時後閱書。十一時十分就寢。

10月24日　星期日　陰雨　六十八度

　　八時十五分起。天色陰沉，余之骨痛症又作，至以為憾。今日午前寄叔受覆函，明、樂各一函。接允默來函，想見其在滬煩悶憂思之情緒，異常想念，即覆一函。北平約希聖、彥棻往談，不知係商榷何事。希聖等以天氣關係，至午後二時始成行也。今日心緒仍不佳，閱卅二年、卅四年之日記。孟海寄來蔣氏修譜跋，余以為可不用。午後覆默一函。漢平及方善桂君來訪，談經濟改革。

唐乃建兄來訪，談一般局勢，與政治上鞏固根本之道。唯
果、然之兩兄來余寓，晚餐君章備饌相餉。餐畢，談一般
政治及赴港宣傳。客去後，與憐兒談話。十一時寢。

10月25日　星期一　雨　六十四度

　　八時起。目力模糊又劇，且有頭暈現象。九時出席
中央黨部紀念週，到會者人數不多，由馬星樵先生主席，
端木秘書長報告司法院及大法官會議工作，約歷五十分
鐘。十時接開中央政治委員會會議，由鄒海濱先生主席，
劉次長師舜及徐主計長分別報告後，各委員對目前大局，
尤其經濟情況，極為關心，紛紛發言，要求在政院決定措
施以前，在中政會有一充分時間之檢討，而加以決定。因
今日翁院長在平未回，各委員只發表其要求充分討論之意
見，會議至十二時卅五分始完畢。歸寓後，閱文件。一時
午餐，餐畢小睡一小時。聞允默將於明日來京，與之通長
途電話。午後待翁院長，至七時卅分聞其已歸，但須休
息，因未往訪。十時卅分寢。

10月26日　星期二　陰雨　五十八度

　　八時卅分起。近來夜睡較早，而晨醒以後輒復淹遲
不欲遽起，此亦從前未有之衰老現象也。九時翁詠霓兄來
談在平與總統晤商經濟辦法要點，謂總統對：（一）配售
與議價，（二）糧食會議商充裕糧源，均以為可行，其他
則主慎重。又謂政院方面尚無具體意見，將待星期三下午

約京滬有關人員討論，故中政會內一時尚無可報告。余乃
與蘭友兄商量，中政會臨時會議俟星期三以後再定，並以
總統在平甚忙，暫不去電報告。上午整理舊存之函件，陰
雨寒冷，竟日未能出門。祖望弟自滬歸來，談久之。午餐
後仍小睡約一小時許起。與道藩通電話，詢知立法院對經
濟市場之變動亦甚關切，擬提質詢案。夜以永熙來談，未
作事。十一時寢。

10 月 27 日　星期三　陰　五十四度

八時十五分起。今日氣候更寒，室內亦可御冬衣
矣。接陳醫來打針後，披閱上月底各方公私函件二十件及
參考資料。蓋皆君章所留置而今日始送來者，以余月初精
神不佳故也。為金東平作介紹函致張文白兄（蘭州）。向
午經國兄來訪，沈昌煥兄同來，談經濟管制方針。經國仍
以不更動限價為原則，談至十二時三刻始去。午餐後小睡
至二時卅分起。閱中政會規章及專門委員會各件。六時卅
分孟海米訪，商定蔣氏宗譜跋後一文。八時三刻允默自滬
來京，談滬上市場情形極混亂云。與詠霓通電話。十一時
卅分寢。

10 月 28 日　星期四　陰　五十六度

七時三刻起。悵念時局，百感交集，觀于近來群言
龐雜之情形，洵為一、二年前所預想不到者也。九時一刻
出席中央常會，討論之例案雖不多，而各委員對時局現況

紛紛發言，對總裁之領導作風亦有批評，有主張開全體中委座談會者，有主張向總裁進言者，最後推定李文範、孫科、道藩、天放、衷寒、健羣等十一人作初步檢討，余亦被推參加，此會直至十二時三刻始散。回寓午餐後，小睡二時卅分起。聞今日立法院抨擊翁院長甚烈，危舟不能共濟，殊可憂慨。閱參考資料及各方函件。傍晚約唯果兄來談，知政院經管會對補充規定仍在討論中。夜出席中央黨部小組。十二時卅分寢。

10月29日　星期五　陰晴　五十六度

八時二十分起。九時與李唯果兄通電話，寫就呈報蔣公之件，托攜平轉呈。十時翁院長及唯果兄來談經濟措施補充規定案，約卅分鐘。翁君頗露引退之意。唯果即去北平，攜補充辦法請示。十一時閱各方函件及參考件，與蘭友兄商酌中政會開會事。向午鐵城先生過談。芷町來談甚久。午餐後小睡約一小時。三時到農民銀行，出席常董會。四時卅分散會歸。潘公弼兄來談約四十分鐘。六時黃少谷兄來談。六弟來談。七時赴詠霓之約，到彼寓晚餐。到居、于、孫先生等，商談至午夜始寢。

10月30日　星期六　陰、下午晴　五十五度

晨八時卅分始起。連日失眠甚劇，雖服藥而仍不見效，繁疲已達極點。如此衰軀，當此局勢，何以服務，思之真不勝焦急之至。九時二十分到中央黨部參加十一人小

組會，各委員發言甚多。賀君山兄所談及者範圍尤為廣泛。十二時卅分始散會。出席中央日報社股東會，狄君武主席，報告畢午餐。餐畢續會，決定增資辦法，並決議全體監事連任，三時散會歸。小睡四時卅分，李唯果兄自平回京來談，知蔣公決今日下午回京矣。瀋陽孤軍挺守，形勢極緊急，軍事經濟互為影響，洵堪焦憂。唯果談約一小時餘始去。致蘭友兄一函，以天放之件送其閱讀（為擴大中政會事）。七時晚餐，四弟、八弟來談。八時半到官邸參加會談，到孫、于、居、王、鐵、岳、詠及各委員，交換對經濟處置補充規定之意見，十一時十分散歸。十二時就寢。

10 月 31 日　星期日　晴　五十七度

八時卅分起。昨晚睡眠大減，等於未服藥。天明以後，始有熟睡，然不久即警醒，似有要事待辦也者。既起床以後，仔細思之，亦無時間性之要事待辦，可見近日開會稍多，又影響心理之安寧狀態也。十時與鍊才通電話，決定明日仍開中政會臨時會議，俾翁院長報告經濟管制補充辦法。然逆料各委員必多批評，以為程序顛倒，余亦只得聽之而已。上午心緒又偏於散漫愁苦。十時卅分張六師君來談戰訊發佈組業務執行之困難，謂疑難問題總是無法請示，頗有引退之意，余極意慰勸之。十二時再與鍊才通電話，囑加約可亭、柏園、鴻鈞開會。午餐畢，小睡多奇異之夢，心緒不寧已極。孟海寄來蔣公大事年表最後兩年

稿，為斟酌再校核之。擬明日送去。周時中君來談中信局
業務事。五時委座約往談，出與紐約先鋒論壇報STEEL
談話稿，命審閱後發表。余順便報告數事，六時辭歸。以
件送曾虛白發表。今日聞瀋陽失陷，異常悲慨。夜詠霓來
談甚久，辭意甚堅。九時卅分騮先來談經濟補充辦法，約
一小時去。八弟來談，良久而去。十一時卅分寢。

11月1日 星期一 晴 五十八度

八時卅分起。昨晚睡眠又不暢，矇矓多夢，精神不佳。九時出席中央黨部紀念週，譚伯羽報告全國交通概況，十時接開中政會臨時會議，蔣公親臨主席，說明此次東北作戰經過及失利原因，勗勉同人接受失敗之教訓，應再接再厲，堅定信心，團結合作，以扭轉危局。繼翁院長報告經濟事補充辦法，並引咎自責。各委員陳述意見甚多。十二時卅分散會。一時歸寓午餐，餐畢小睡，至二時卅分起。接泉兒來函。閱參考消息。決定聘請吳錫澤君為宣傳小組之秘書，補謝然之君之缺。考慮時局與政局，甚感自身智慮之不堪應用。夜六時卅分到中央黨部開小組會，聽何、翁報告，十一時散會歸。十一時卅分寢。

11月2日 星期二 晴 六十度

八時五十分始起。連日腦筋亢奮，而精力疲憊，頗覺不能支持。以余近日情形，遑論實際工作，即開會稍多，亦非所勝矣。午前考慮安定與簡化之道，思慮愈繁，終不獲結論。蓋人心如此，非可遽挽也。寓所之房主來函催逼，謂不願續租，其要挾之情可惡可憤。本為夏間去函，約其來談，終不理也。閱參考消息及函件等。午餐時辟塵來談，餐畢小睡，未入睡。閱谷正鼎君改革方案，楊淑慧來訪，甚覺奇異，繼知為普通訪問。五時周秘書宏濤來談，語極激切而高昂，余前所未聞也。六時潘公弼兄來談國民日報事。晚餐後孟海來談蔣氏宗譜事，並詢問政

局。十時十分將寢矣，而芷町來談近事，兼及挽救之策。
十一時卅分去，即就寢。

11月3日　星期三　晴　六十四度

　　八時卅分始起。意欲料理積壓未辦之件，而提筆輒
感茫然，腦力耗竭，已至不能復用之境界，為之奈何！追
憶昨日周宏濤兄來談時之情緒，可以反映中心領導之已發
生動搖。軍事緊張之局未弛，翁閣又在堅辭中，如此內外
動盪不安，將何以善其後。余為蔣公設身處地以思，洵覺
憂憤無已。約兒侄來寓，詢其工作近況。積皋來電，已抵
美底德律城矣。胡秋原君來談一小時以上。午餐後小睡
一小時起。四時到官邸出席會報，各人發言甚多，六時
卅分始散。深覺諸同志在焦急之心情下，仍無具體挽救
時局之策，而蔣公亦極激越。夜與允默長談，至十一時
十五分寢。

11月4日　星期四　晴　六十四度

　　八時十五分起。八時五十分奉約到官邸謁談，因顧
總長請見，余稍待於客室，與緯國兄談卅分鐘。九時卅分
見蔣公，續命準備講演之稿。又諭中政會應有簡化而充實
職權之方法，大旨應包括行政、立法（三俱樂部）、監察
各部門與中常會委員，命擬議體制與章則。十時十五分辭
出歸寓，深感心力精力萬不能再做文字，殊焦急無已。以
電話託立夫糾正中央日報言論之態度。向午約立兄來談，

商中樞政治決策機構之件，交換意見約一小時。午餐已一時餘矣。餐畢，略睡即起。三時舉行宣傳會報小組會，討論案三件，而各同志發言甚多，尤以昌煥、六師兩君激昂特甚。會畢約正鼎、少谷留談，並與希聖長談，至九時許去。吳禮卿先生來談一小時。四弟、九妹來。十一時卅分寢。

11 月 5 日　星期五　晴　六十五度

八時十五分起。京市連日言論淆雜，各單位互不接洽，高級幹部中亦未能集中力量以紓危艱，此現象可憂實甚。九時卅分奉約赴官邸談話（傅總司令亦自平來謁，余待傅談話後乃入見），面諭數事：

（一）挽張組閣；

（二）戰時體制；

（三）集中決策機構；

（四）戒嚴令等等。

命與岳軍、立夫接洽，十二時覓得立夫來寓，談商至一時許始去。六弟今日來京開會，午餐後與之略談。旋午睡約一小時餘，心緒繁亂，實未睡熟。三時到岳軍家詳談，岳軍以為應先有辦法，再定行政院之人選。並為剖析時局述其所見之辦法，談至六時許始歸。唯果來談，約請少谷兄準備文字。夜昌煥來談。八時卅分謁蔣公，述岳軍之所言，至十時卅分歸，即寢。

11月6日　星期六　陰雨　五十七度

八時十分起。日來因新閣未確定，而經濟情況動盪，加以有人故意散播軍事消息，京市人心浮動，言論益雜矣。九時李唯果兄來問候，兼談行政院事。希聖來談外交與宣傳甚久。彥棻兄亦來訪談，為準備總裁演講稿事，午餐後小睡未熟，心緒沉鬱而繁亂。以電話覓立夫，知整日在院開會，乃約蘭友兄來商設置戰時國策委員會之件。接樂兒自平來函，其意在引余安慰，足見骨肉之愛由於至性也。雪艇來談外交政策，對立院之指摘，謂未能認清事實。傍晚七時鐵城先生來訪，晚餐後與立夫同時入謁蔣公，商黨內國策決定機構之組織，並答垂詢各事。奉諭應研擬戰時體制。九時卅分訪鐵公接洽，十時歸。道藩來長談。十二時寢。

11月7日　星期日　晴　五十八度

八時十分起。總統約往談話，在寓匆匆進餐畢，八時三刻赴官邸（希聖寫就講演詞稿送來即為攜呈）晉見。垂詢戰時體制研擬情形，並談新行政院長人選決定之困難，意在先覓一適當之人過渡。余答以如此不如即維持翁內閣。談至此，雪艇來電話，謂星期二須出席立院報告外交，希望明日開一次中政會，即報告蔣公決定開會。通知蘭友兄囑即轉發通知。旋翁詠霓兄來見，余即辭出。十時十五分到鐵城家，會談戰時體制問題，到孫院長、王亮疇、岳軍、達詮、立夫、蘭友、彥棻諸人，何部長敬之旋

亦來會商，談至十二時。決定先推蘭友、彥棻起一初稿。十二時十五分雪艇來，與鐵城、立夫、彥棻等談外交問題。一時歸寓午餐。餐畢小睡至三時起。與允默商量家事，彼將于明日赴滬，作致八妹函託帶去。今日晚報亂登外交消息，九時少谷來談。十一時寢。

11月8日　星期一　晴　五十七度

今晨七時十五分允默由京赴滬，余尚在睡中未能起而相送也。八時五分起，唯果來談，同至中央黨部出席紀念週。今日各機關文武職人員及中央委員到者甚多。九時十五分開始，總裁親臨主席，並致詞分析東北失陷後之局勢，兼及經濟改革等，勗勉同人務必作持久奮鬥之決心，言詞慷慨，約一小時始畢。接開中政會例會，報告及通過例案各一件，何、王兩部長報告後，各委員對於我國對蘇關係有熱烈之檢討，主張均極激烈，獨于右任先生以為今日應以軍事為重，外交可從緩商議。余與蘭友撰發新聞稿，至二時十分始歸寓午餐。餐畢小睡，至四時許起。七時聖芬攜演講詞來，為斟酌修改。九時晚餐，夜作函，十二時寢。

11月9日　星期二　晴陰　五十七度

八時卅分起。近日京滬兩地市場上缺乏食糧供應，物價狂亂跳躍，一日不只更改一次，以致人心慌亂不安。後方地面治安之保持實為必要之圖，余無識無能，愧不能

有所貢獻，自疚之念與日俱深。今日終日未出門。上午實之弟來電話，告立法院情況。十二時卅分午餐，餐畢睡一小時餘，以昨夜睡亦不佳也。彥棻送來戰時體制件。乃建兄來談。四明銀行吳從先君來談。葛武棨君來訪談。旋道藩匆匆來一談即去。傍晚希聖來談港國民日報事。夜與祖望及八弟談話。申報記者張明來訪。又徐柏園兄來談。十一時一刻寢。

11 月 10 日　星期三　晴　五十五度

八時起。昨日下午及夜間京市亦有搶米之風，有聚集至千人以上者。警察無可彈壓（其實米價狂喊高漲，使人心不安，亦是一大原因），治安甚屬可慮。上午知蔣公事繁，亦未前往有所報告，想主管者當有集議也。接佛觀兄來函，附寄示牟教授一函，忠義之概令人感佩，然所提辦法則屬中樞所不能行者。佛觀謂：余為舊式人物，不合時代，信然信然。今日心緒甚散漫。洪蘭友兄來談戰時體制案，彼意應在憲法規定下想幾種辦法，商洽一小時餘，未能有結論。午餐後小睡至三時起。四時到官邸參加會報，商治安及宣傳等問題。六時散會，七時應何敬之先生約往晚餐，到亮疇、文白、立夫、鐵城、墨三、恩伯諸人，九時卅分歸。與四弟、八弟談話。至十一時卅分寢。

11 月 11 日　星期四　晴　五十四度

六時卅分醒。旋又矇矓入睡，至八時十分始起。以

昨晚睡眠不佳，故頻患頭暈心跳之症，而目光之昏黯亦有
加無已。病軀至此，對非常時期決難有所貢獻。俯仰人
世，自溯平生臨此國運嚴重時期，乃真覺「百無一用」為
對書生之確評也。牟宗三教授函徐佛觀，謂我輩不能不飲
此時代之苦汁。余覺其言殊覺正氣磅礡，然余已衰老至
斯，此半月來痛自責驗，乃知腦力不堪思考，知慮枯拙已
竭。如此虛生蹉跎，既無執戈殺賊之能，又無靖獻策畫之
用，洵不知此後歲月將如何度過矣！十時開中政會臨時會
議，總裁親臨主持，討論行政院提出之修正金圓券發行辦
法及修正人民所有金銀外幣處理辦法，各委員於聆悉翁院
長及新財政之報告與說明以後，紛紛研究討論，互抒所
見，發言者絡繹不已，然均就建立信用與不再于短期內變
更上著眼，討論至一時十分乃大體通過，始散會。二時回
寓午餐，餐畢小睡至三時卅分起。閱各方面函件及條陳
件，分別處理之。傍晚覺體力心力不支，不能不作短期
二、三天之休息。晚餐後作致友人函札數件，並整理物
件。十一時寢。

最後遺言

△ 「此樹婆娑生意盡矣」！我之身體精神，一衰至此。

△ 許身於革命，許身於介公，近將二十年，雖亦勤劬，
  試問曾有一件積極自效之舉否？一無貢獻、一無交
  代，思之愧憤，不可終日。

△ 百無一用是書生，即我之評語也。

△ 狂鬱憂思，不能自制，此決無詞可以自解者！

△ 拋妻撇子，負國負家，極天下之至不仁，而我乃蹈之，我真忍人也，然我實不得已也。

△ 時事已進入非常時期，而自驗身心，較之二十六年秋間，不知衰弱到多少倍，如此強忍下去，亦必有一日發憂鬱狂而蹈此結局也。

△ 聞朋儕中竟有以「你有沒有準備」相互詢者，如有人問我，我將答之曰，我惟有一死而已！

△ 人生總有一死！死有重於泰山，有輕於鴻毛！

△ 倘使我是在抗戰中因工作（如某年七月六日以及長江舟中）被敵機掃射轟炸而遇難，雖不能是重於泰山，也還有些價值。

△ 倘使我是工作因實在緊張，積勞成疾而死，也還值得人一些之可惜。

△ 而今我是為了腦力實在使用得疲勞了，思慮一些也不能用，考慮一個問題時終覺得頭緒紛繁，無從入手；而且拖延疲怠，日復一日，把急要的問題應該早些提出方案之交件（如戰時體制）一天天拖延下去，著急儘管著急，而一些不能主動，不但怕見統帥，甚且怕開會。自己拿不出一些之主意，可以說我腦筋已是油盡燈枯了。為了這些苦惱，又想國家已進入非常時期，像我這樣，虛生人間何用。由此一念而萌自棄之心，雖曰不謂為臨難苟免，何可得乎？

△ 所以我的死，在我自身是不勝痛苦焦憂（所憂者是自

身委實已不能工作，而他人或尚以我為有一些用處，這將要誤事的。我之所憂並不在大局，中華民族有正義的力量，只須大家團結大局不足憂也）而死！但在一般的意義上，是一種極不可恕之罪惡！

△ 天下最大之罪惡，孰有「自暴自棄而自了」者，對國家、對家庭，都是不負責任的行為！我此舉萬萬不可為訓，我覺得任何人可以鄙視我！責備我！

△ 但我這念頭，萌動了不知多少次了，每逢心理痛苦時，常常有「終結我的生命吧！」的念頭來襲余之心。此在卅一年、卅二年、卅四年之春之夏，均有類似的情形，並已作了種種準備，終因健康稍稍好轉而免。

△ 現在我真是衰老疲憊，思慮枯混鈍滯到了極點，就是一部機器用了二十年以上，也要歸於廢舊的，何況有形的身體。

△ 人生到了不能工作，不能用思慮，對生命便失去意義，沒有意義的生命，留之何用。

△ 最近嘗想：國家是進入非常時期了！我輩應該拿出抗戰時的精神來挽回國艱。但是我自問身心較十年以前大不相同；即是共事的同事們，其分心經濟，精神頹散，不免影響工作，要像當年的振奮耐勞，亦不可得！而客觀形勢的要求，十倍艱難也十倍複雜於當時，然則如我者將何以自處？

△ 某日曾與立夫（又嘗為芷町或唯果）言，要使我能定

心工作，必須（一）使我有好身體；（二）領袖對我「只有幾多分量能挑起來」有大體的認識，而勿高估我的精力和抗戰初時一樣；（三）如何作最後最大之努力有一個準備，然後這顆心才能定得下來！

△ 但是看樣子，我的身體是無法好起來的。我此心永遠在痛苦憂急之中！

△ 四弟告我：「百事要看得『渾』些！」我知其意而做不到。

△ 八弟告我：「一切一切自有主管，又不是你一個人著急所能濟事的！」又說：「你何必把你責任範圍以外的事也要去分心思慮著急！」這話有至理，然我不能控制我的腦筋！

△ 家人嘗勸我：「你這樣的衰弱情形，應該讓領袖知道你已不堪再供驅策了。」這也是不錯，但我何能在這個時候瑣瑣地去絮煩領袖呢？

△ 想來想去，毫無出路，覺得自身的處境與能力太不相應了！自身的個性雖然與自己之所以許身自處者太不相應了！思之思之，為此繁憂，已二十餘天於茲，我今真成了「憂鬱狂」了！憂鬱狂是足以大大發生變態的，我便為這種變態反常的心理現象而陷於不可救，豈非天乎？

△ 六十老人，得此極不榮譽之下場，只有罪愆，別無可說。

△ 我仍有一句話奉勸各位好友與同志，乘少壯時，精力

旺盛時，速為國家為人民加緊作最大的奮鬥，莫待
「老大徒傷悲！」

民國日記 18

陳布雷從政日記（1948）

The Official Diaries of Chen Pu-lei, 1948

原　　著　陳布雷
總 編 輯　陳新林、呂芳上
執行編輯　林弘毅
文字編輯　王永輝、江張源、詹鈞誌
封面設計　陳新林
排　　版　溫心忻

出 版 者　 開源書局出版有限公司
　　　　　香港金鐘夏慤道 18 號海富中心
　　　　　1 座 26 樓 06 室
　　　　　TEL：+852-35860995

　　　　　民國歷史文化學社
　　　　　10646 台北市大安區羅斯福路三段
　　　　　　　　37 號 7 樓之 1
　　　　　TEL：+886-2-2369-6912
　　　　　FAX：+886-2-2369-6990

銷 售 處　源流成文化 股份有限公司
　　　　　10646 台北市大安區羅斯福路三段
　　　　　　　　37 號 7 樓之 1
　　　　　TEL：+886-2-2369-6912
　　　　　FAX：+886-2-2369-6990

初版一刷　2019 年 10 月 31 日
定　　價　新台幣 330 元
　　　　　港　幣　85 元
　　　　　美　元　12 元
I S B N　978-988-8637-28-7
印　　刷　長達印刷有限公司
　　　　　台北市西園路二段 50 巷 4 弄 21 號
　　　　　TEL：+886-2-2304-0488